Ferruccio Canali

Mantua

Neuer praktischer Stadtführer

5 empfohlene Rundgänge für
die Besichtigung der Stadt und Umgebung
Nützliche Hinweise

BET
BONECHI EDIZIONI "IL TURISMO"

Generalvertretung für Mantua:
Randazzo G. Snc. di Randazzo E. e R.
Via G. Garibaldi, 16/B - 37121 VERONA
Tel. (+39) 045.800.40.40 - Fax (+39) 045.803.60.63

Der Verlag möchte allen danken, die zur Entstehung dieses Werks beigetragen haben, insbesondere:

Palazzo Ducale:
Prof. Aldo Ciccinelli, Amos Zerbini
Palazzo Te:
Prof. Ugo Bazzotti
Diözese Mantua:
Mons. Ciro Ferrari, Don Italo Zanoni, Don Rino Garosi, Don Luigi Grossi, Don Renato Pavesi, Primo Mattioli, Dr. Irma Pagliari, Geom. Ippolito Cazzaniga Danesmondi
A.P.T. Mantua und Umgebung: *Antonio Lodigiani*
Tecnolumen-Castel Goffredo

Via G. Di Vittorio, 31 - 50145 FIRENZE - ITALIA
Tel. (+39) 055.37.57.39 / 342.45.27 - Fax (+39) 055.37.47.01

E-mail: bbonechi@dada.it / info@bonechionline.com
http://www.bonechionline.com

Gedruckt in Italien
NEUDRUCK 2007

Fotos: Verlagsarchiv Bonechi Edizioni "Il Turismo" S.r.l., aufgenommen von:
Giovanni Rodella
I-Buga Sas. Milano: Seite 6
Verlagsleitung: *Barbara Bonechi*
Texte: *Ferruccio Canali*
Textbearbeitung: *Lorena Lazzari*
Nützliche Hinweise: *Giuliano Valdes*
Redaktion: *Editing Studio - Pisa*
Übersetzung: *Heide Marianne Siefert Chelazzi*;
Agneta Merkel (Nützl. Hinweise)
Umbruch: *Graffiti - Pisa*
Art director: *Franco Filiberto*
Kartographie: *Bernardo Mannucci*
Umschlaggestaltung: *Lorenzo Cerrina*
Fotolithos: *Fotolito Immagine - Florenz*
Druck: *Petruzzi Stampa - Città di Castello (PG)*
ISBN 88-7204-348-4

LITERATURNACHWEIS

C. CUNACCIA, M. LISTRI, R. SIGNORINI
Rivedere Mantova, Florenz, 1996
Leon Battista Alberti, Ausstellungskatalog von J. Rykwert und A. Engel, Mailand, 1994.

R. BERZAGHI
Der Palazzo Ducale von Mantova, Mailand, 1992

G. BOMBI
Mantua, Mailand, 1992

C. BERSELLI
Die Geschichte von Mantua. Zusammenfassung, Mantua, 1991

Giulio Romano, *Ausstellungskatalog*, Mailand 1989

E. MARANI
Furer von Mantua, Mantua 1987

Die Gründung der Stadt Mantua ist von Geheimnis umwittert, nicht nur aufgrund ihres legendären Ursprungs, sondern auch was ihre historischen Anfänge betrifft. Zwar widersprechen sich die mythologischen Quellen, und auch über die Gründerhelden gibt es mehrere Erzählungen, aber aus den ältesten Berichten gehen immerhin teilweise Übereinstimmungen mit der Realität hervor. Mantua wurde höchstwahrscheinlich von den Etruskern gegründet, die einen Großteil der Poebene erobert und sich in der Nähe von Bologna und in Spina an der Po-Mündung niedergelassen hatten. So hat man in der Nähe der Stadt ein reichhaltiges Warenlager gefunden, das ein Beweis dafür sein könnte, daß Mantua einer der fortschrittlichsten Märkte im etruskischen Expansionsgebiet gewesen ist (wobei man unterstellt, daß die Waren eines Marktes trotz ihrer unterschiedlichen Herkunft einen sicheren Hinweis liefern können).

Die Stadt fiel in der Folgezeit in die Hände der Gallier und geriet anschließend, nach dem Sieg bei Staggio, unter römische Herrschaft. Der berühmte Dichter Vergil wurde in der Nähe der heutigen Ortschaft Pietole geboren, wenige Kilometer von Mantua entfernt. Er rühmte sich stets seiner Abstammung aus Man-

Mantua aus der Vogelflugperspektive (F.B. Werner, Augsburg 1750).

tua, auch als er nach der Schlacht bei Philippi im Jahre 42 v. Chr. seiner Ländereien beraubt und gezwungen wurde, nach Rom überzusiedeln. Die Gründung der Stadt wird erstmals von Vergil erwähnt, der das Drama der Bauern seines Landes in seiner *Bucolica* erzählt. In diesen Hirtengedichten ist von einem Bianor, Sohn des Tiber und der Nymphe Manto die Rede, beziehungsweise von Aucno (manchmal wird er mit Bianor gleichgesetzt), dem etruskischen Gründerhelden von Bologna, ebenfalls ein Sohn der Manto, die den ersten Siedlungskern von Mantua gegründet und nach der Mutter benannt haben soll; nach Dantes Auffassung im *Höllengesang* hingegen war die Seherin Manto selbst die Gründerin der Stadt. Auch Mantua wurde ab dem 3. Jahrhundert von den Barbaren überrannt, bis die Stadt im 8. Jahrhundert zunächst unter die Herrschaft der Langobarden fiel und später Mathilde von Canossa unterstand.

Schöner Blick auf die Piazza Sordello.

Nach dem Tod der Markgräfin wurde die Stadt freie Kommune, doch die anschließenden Kämpfe gegen Friedrich Barbarossa führten zu zermürbenden Auseinandersetzungen zwischen den verfeindeten Familien, die sich um die Macht stritten. Die Bonacolsi, die 1273 Stadtherren von Mantua wurden, mußten 1328 Luigi Gonzaga das Feld räumen, der sich im darauffolgenden Jahr als kaiserlicher Vertreter anerkennen ließ. Damit begann die Herrschaft der Gonzaga, die bis 1707 andauerte.

1432 erhielt Gianfrancesco Gonzaga vom Kaiser den Titel eines Marchese (Markgraf), und 1530 erwarb Friedrich II. die Herzogswürde, aber bereits zwischen 1444 und 1478 war die Stadt zu einem kulturellen Brennpunkt der Renaissance geworden, nicht zuletzt dank der Anwesenheit von Leon Battista Alberti in Mantua. Mit Isabella d'Este, die von 1490 bis 1539 Markgräfin war, erreichte das Mäzenatentum der Gonzaga seinen Höhepunkt, zunächst als sich Andrea Mantegna (1431-1506) in der Stadt aufhielt, und dann, 1524, mit der Ankunft von Giulio Romano (eigtl. Giulio Pippi, 1492/99-1546). Unter der Regentschaft des Herzogs Guglielmo (1550-1587), für den der Architekt Giovan Battista Bertani (1516-1576) arbeitete, und zur Zeit des Herzogs Vincenzo (1587-1612), dessen Planer Antonio Maria Viani (1555/60-1629) war, gelangte das Herzogtum zur höchsten künstlerischen Prachtentfaltung, als der Palazzo Ducale zu einem geschlossenen Palastkomplex ausgebaut wurde, der zur Stadt hin keine Fassade besaß. Die Plünderung Mantuas durch die kaiserlichen Truppen im Jahre 1630, der Probleme der Thronerbschaft und die Kämpfe zwischen Frankreich und Spanien vorausgegangen waren, stellte einen der düstersten Augenblicke der Stadtgeschichte dar. Bereits 1627-28 hatten die Herzöge damit begonnen, Teile der alten Kunstsammlungen an den König von England zu verkaufen; aufgrund der Beutezüge während der Plünderung der Stadt wurden die wertvollen Kunstwerke aus der Zeit der Gonzaga versprengt, so daß sie heute in den Museen der ganzen Welt zu finden sind. Nachdem 1707 auch die Linie Gonzaga-Nevers erloschen war, verjagte der Kaiser von Österreich den letzten Herzog, der den Palast noch einmal all seiner Schätze beraubte. Österreich machte aus Mantua eine befestigte Stadt und damit ein von Wien aus auf italienischem Boden direkt regiertes Herrschaftsgebiet. So setzte in Mantua eine außerordentlich rege Bauepoche ein. 1785 wurde die Stadt dem Herzogtum Mailand angeschlossen, später dann von Napoleon Bonaparte (1797) eingenommen, dann wieder an Österreich (1799-1801) zurückgegeben und war von 1801 bis 1815 Hauptstadt des napoleonischen Departements Mincio. In dieser Zeit knüpfte sie enge Beziehungen zur aufstrebenden französischen Kultur des Kaiserhofes. Die Restauration hatte noch einmal die habsburgische Herrschaft zur Folge. Mantua wurde zusätzlich befestigt und stellte einen Hauptstützpunkt des berühmten österreichischen "Militärvierecks" dar, bis die Stadt 1866 von piemontesischen Truppen besetzt und dem Königreich Italien angeschlossen wurde. Dieses Ereignis erwies sich als sehr schädlich für die Stadt, deren Bewohner von Anfang an mit der Politik der Zentralregierung unzufrieden waren, insofern als Mantua seine Rolle als Verkehrsknotenpunkt, die ihm zuvor die österreichische Regierung zugestanden hatte, völlig einbüßte, und nur mit Mühe gelang es der Stadt, eine Bewilligung für die Eisenbahnverbindung mit Modena und Verona zu erhalten. Während des Ersten Weltkriegs war Mantua erneut erklärtes Kriegsgebiet, das wieder von Soldaten und Kasernen bevölkert war. 1919 führten die Demonstrationen im Zusammenhang mit dem Angriff einiger sozialistischer Abgeordneter in Rom, darunter Murari aus Mantua, zu einem

Luftaufnahme des Gebäudekomplexes des Palazzo Ducale.

Generalstreik in der ganzen Provinz, wo die Sozialistische Partei sehr stark war; der Streik artete in den sogenannten "Giornate Rosse" (rote Tage) aus, wo sich Soldaten und bewaffnete Bürger in einem regelrechten städtischen Kleinkrieg gegenüberstanden, bei dem es Tote und Verletzte gab. Damals ging die Zeitung "Popolo d'Italia", die kurz darauf zum Organ der Nationalen Faschistischen Partei wurde, soweit, den Mincio mit der Newa (Fluß im bolschewistischen Rußland) zu vergleichen. In der ihr im vorigen Jahrhundert aufgezwungenen Rolle als Provinzstadt fühlte sich Mantua ganz und gar nicht wohl, da die städtische und kulturelle Struktur einer ehemaligen prestigereichen 'Hauptstadt' entsprach und nunmehr für die Anforderungen der eigenen Grafschaft überdimensioniert war. Die Niederlassung einer Petrolchemie an den Seen östlich von Mantua erwies sich entgegen aller Erwartungen als ein Desaster. Sie hat die wunderschöne Sumpflandschaft des Mincio eher verschmutzt und verändert, anstatt der in einem der produktivsten Agrargebieten Europas gelegenen Stadt neue Impulse gegeben.

Mit Beginn der achtziger Jahre entwickelte sich Mantua zu einem bemerkenswerten Kulturzentrum, nicht nur wegen der Schönheit seiner berühmten Baudenkmäler, sondern auch aufgrund der hier organisierten hervorragenden Veranstaltungen, die Mantua erneut in das Rampenlicht der nationalen und internationalen Kulturszene rückten.

RUNDGANG 1

Palazzo Ducale

Castello di San Giorgio

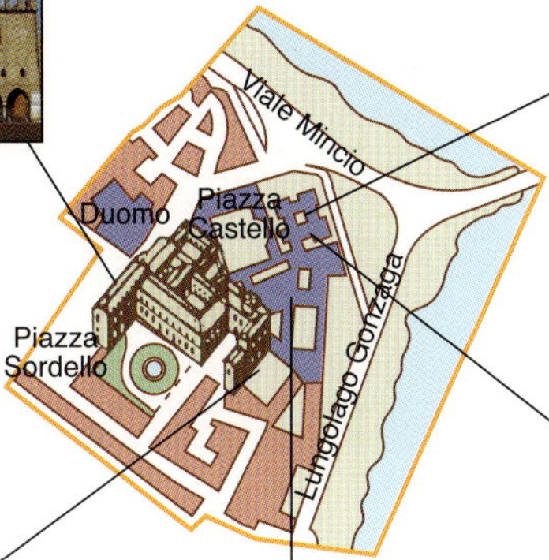

Domus Nova

Basilica Palatina di Santa Barbara

Camera degli Sposi
(Die Begegnung, Detail)

PIAZZA SORDELLO

Im Hochmittelalter war Mantua von einem Mauergürtel umgeben, dessen südliche Ausdehnung bis ungefähr an die Gebäude reichte, mit denen gegen Süden die heutige Piazza Sordello abschließt. Der Platz als solcher existierte damals noch nicht, sondern wurde von Häusern, Straßen, Gäßchen und der viel kleineren Piazza della Cattedrale eingenommen, die etwa dem Vorplatz des jetzigen Doms entsprach. Im Jahre 1115, nach dem Tod der Markgräfin Mathilde

Teilansicht der Piazza Sordello. Im Hintergrund der Dom, rechts der Palazzo Ducale.

Die elegante Fassade des Palazzo Ducale.

von Canossa, zu Beginn der kommunalen Epoche, erfuhr die Stadt eine beachtliche städtebauliche Ausdehnung, im Zuge derer die reichen Vororte außerhalb der Stadtmauer eingemeindet wurden.

Gleichzeitig schritt man zur Errichtung der öffentlichen Gebäude und zur Anlage der Marktplätze, wie sie noch heute vorhanden sind (Piazza dell'Arengo, heute Piazza Broletto, und Piazza delle Erbe). Als 1328 die Gonzaga das Stadtruder übernahmen, wurde der Altstadt noch einmal stark verändert: vor der Residenz der Gonzaga legte man um 1370 die heutige große Piazza Sordello an, vermutlich unter Einbeziehung des an der Westseite des Platzes verlaufenden römischen *Cardo*, d.h. einer der beiden rechtwinkligen Straßen, die den antiken Stadtkern gliederten.

An der Piazza Sordello (nach dem gleichnamigen mantuanischen Dichter des 13. Jahrhunderts) stehen folgende Baudenkmäler: an der Nordseite der Dom; an der Ostseite die *Magna Domus* und der Palazzo del Capitano (mit Zinnenkranz aus dem 19. Jahrhundert), deren Bau von den Bonacolsi veranlaßt wurde und die später unter den Gonzaga die "Corte Vecchia" des Palazzo Ducale bildeten; an der Südseite der sogenannte Voltone di San Pietro; an der Westseite befinden sich der Bischofspalast, der Palazzo degli Uberti, der Palazzo Castiglioni und schließlich, in Domnähe, der Palazzo Acerbi.

PALAZZO DUCALE

Der Komplex, der gewöhnlich als Palazzo Ducale oder Gonzaga-Residenz bezeichnet wird, besteht aus mehreren Gebäuden, die in verschiedenen Epochen vom 13. bis 17. Jahrhundert angefügt wurden, bis eine regelrechte Stadt in der Stadt entstand. Es handelt sich um ein riesiges Gelände (über drei Hektar) mit fünfzehn internen offenen Zonen (kleine und große Höfe, Plätze, Gärten) und mehr als fünfhundert Räumen, von denen viele nicht besichtigt werden können. Einige Flügel sind halb verfallen oder werden zur Zeit restauriert, nachdem der Palast sich Anfang des 20. Jahrhunderts in fast völlig verwahrlostem Zustand befunden hatte.

Die komplizierte Geschichte dieser Residenz - mit Ausnahme der zahlreichen Veränderungen, die im Laufe der Jahrhunderte in den Räumen vorgenommen wurden, um sie neuen Anforderungen oder dem veränderten Zeitgeschmack anzupassen - läßt sich anhand einer Reihe von Neu- oder Anbauten verfolgen, die im Laufe der Zeit wie treibende Knospen entstanden sind und zu einer fast labyrinthartigen Anlage des Komplexes geführt haben. Eine Orientierung im Rahmen des Besucherrundganges oder der historischen Rekonstruktion ist nur durch die Beschreibung der einzelnen Kerngebäude oder deren Umbauten möglich.

Corte Vecchia

Der erste Kern des riesigen Komplexes am obersten Ende der *Civitas vetus*, das heißt, des ältesten Stadtraumes von Mantua, gehörte der Familie Bonacolsi. Es handelte sich um mehrere, an der ehemaligen kleinen Piazza della Cattedrale gelegene Gebäude, die heute vom Palazzo del Capitano und der *Magna Domus* auf der Piazza Sordello eingenommen werden.

Mit der Machtübernahme der Familie Gonzaga im Jahre 1328 begann auch eine neue Stadtpolitik, von der die alten Häuser der Bonacolsi stark betroffen waren. Als Eigentümer angrenzender Gebäude nahmen die Gonzaga einen radikalen Zusammenschluß der verschiedenen Parzellen zu einem einzigen Häuserblock vor. Im Laufe der Jahrhunderte sperrte man die alten Gäßchen, die zwischen den einzelnen Gebäuden verliefen, so daß ein regelrechter "Hof" entstand, der in anderen Stadtgebieten nicht seinesgleichen hatte. Die Politik der Gonzaga zielte von Anfang an darauf ab, ihre Macht auch auf den physischen Raum in Mantua auszudehnen und so die städtebauliche wie auch architektonische Entwicklung und Organisation unmittelbar zu beeinflussen. Das ging so weit, daß man die Residenz 1370 sogar mit einer Umfassungsmauer ausstattete. Damit wurde das Konzept des Gonzaga-Palastes als Stadt in der Stadt, die sogenannte "Corte Vecchia" geschaffen, bis Bartolino da Novara einige Jahre später, gegen Ende des Trecento, in der Nähe der Seen das Castello di San Giorgio baute, wo sich die Gonzaga dann hauptsächlich aufhielten. Gleichzeitig wurde die ehemalige Piazza della Cattedrale erweitert und die große Piazza Sordello angelegt, indem man eine Häuserzeile abriß, die zuvor das Gelände in zwei gleich große Plätze teilte.

Nachdem die Gonzaga Anfang des 15. Jahrhunderts offiziell als Marchesen der Stadt (1432) anerkannt worden waren, erfolgten eine weitere einschneidende Vergrößerung des Palastes mit dem Bau der *Domus Nova* durch Luca Fancelli und eine Reihe von internen Umbauten, wie sie etwa im Hof des Castello di San Giorgio vorgenommen wurden.

Sala di Sant'Alberto: Die Vertreibung der Bonacolsi (Domenico Morone, 1494).

Sala di Sant'Alberto

Durch die *Sala dei Sette Scalini*, wo interessante Freskenreste von Dekorationen des 14. Jahrhunderts zu sehen sind, kommt man in die sogenannte Sala di Sant'Alberto. Der Saal, in dem marmorne Epigraphe ausgestellt sind, bewahrt das berühmte Gemälde von Domenico Morone (1442 - *post* 1517) mit der *Vertreibung der Bonacolsi durch die Gonzaga*, ein 1494 signiertes und datiertes Werk, das im übrigen zeigt, wie die ehemalige Domfassade aussah, die Iacobello und Pier Paolo Dalle Masegne in spätgotischem Stil schufen, bevor sie 1756 in ihrer heutigen Form erneuert wurde.

Corridoio del Passerino: Statue aus der Schule Mantegnas (16. Jh.).

Corridoio del Passerino.

Corridoio del Passerino

Es handelt sich um einen Gang, der die gesamte Fassadenbreite des Palazzo del Capitano (über 60 Meter) einnimmt, und der fälschlicherweise nach dem letzten Vertreter der Familie Bonacolsi benannt ist. Von der Existenz dieses Korridors erfuhr man erst während der zu Beginn des 20. Jahrhunderts in diesem Teil des Komplexes durchgeführten Restaurierungsarbeiten. Wie alle anderen Palastflügel war auch dieser Gebäudeteil in zahlreiche, miteinander verbundene Räume unterteilt, die durch die spätere Restaurierung der riesigen Holzdecke des 14. Jahrhunderts zusammengeschlossen wurden. An den Wänden hat man Marmortafeln, Wappen und Steininschriften angebracht, während oben spätgotische geometrische Dekorationen erscheinen. Interessant ist die Statue *Vergil auf dem Lehrstuhl* (13.Jh.), die ursprünglich den benachbarten Palazzo della Ragione (heute durch Kopie ersetzt) schmückte. Bemerkenswert ist auch ein Kaminfries im Stil Albertis, der aus dem Gonzaga-Palast in Revere stammt und dem Künstlerkreis Fancellis zugeschrieben wird.

Appartamento della Guastalla: Jungfrau mit dem Kind (14. Jh.).

Appartamento della Guastalla

Von der *Galerie* hat man Zutritt zum sogenannten Appartamento della Guastalla, von 1671 bis 1703 Residenz der letzten Herzogin von Mantua, die dem Hause der Gonzaga und der Linie der Guastalla angehörte. Die mittelalterlichen Säle wurden im Laufe der Zeit und bis ins 18. Jahrhundert großenteils neu eingerichtet. Ende 16. und Anfang 17. Jahrhundert nahm der Architekt Antonio Maria Viani eine gründliche Renovierung der Decken vor. Bestandteil der in diesen Räumen untergebrachten Sammlungen sind unter anderem einige bemerkenswerte Terrakotta-Werke, wie fünf figürliche Darstellungen aus der Renais-

Appartamento della Guastalla: Grabrelief der Margherita Malatesta.

***Appartamento della Guastalla:* Büste des Markgrafen Francesco.**

Unten: ***Louverzep* - *Turnier*** (Detail).

sance, die einige Kunsthistoriker der Schule des Mantegna zuschreiben, oder eine Büste des *Marchesen Francesco Gonzaga* von Giancristoforo Romano. Beachtung verdient darüber hinaus eine Reihe von Marmorskulpturen, darunter ein *Schlafender Cupido*, eine Grabfigur der *Margherita Malatesta*, die in den ersten Jahren des Quattrocento in der Werkstatt der Dalle Masegne ausgeführt wurde, und das Relief des *Philoktet*, das möglicherweise auf Tullio Lombardo (Ende 15. Jh.) zurückgeht. Sehenswert ist ferner ein kleines Triptychon aus Bein und Holz, das in der ersten Hälfte des 15. Jahrhunderts aus der Werkstatt der Embriachi hervorgegangen ist.

In der *Sala delle Imprese* sind interessante Fresken aus dem 14. Jahrhundert ausgestellt, unter anderem eine *Kreuzigung* und eine wunderschöne *Jungfrau mit dem Kind.*

Die *Sala delle Sinopie* enthält die Vorstudien oder Sinopien für die von Pisanello geschaffenen Fresken, die zu Beginn des 18. Jahrhunderts übermalt worden waren und erst 1969 der Öffentlichkeit zugänglich gemacht wurden.

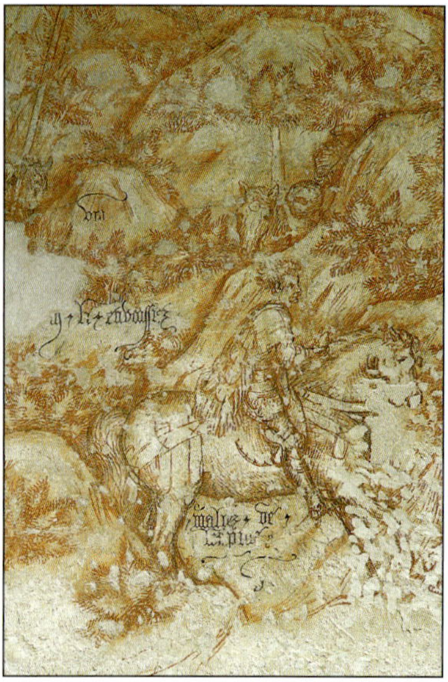

Der *Saal des Pisanello* (1395 - *post* 1450) gehörte anfangs vermutlich nicht zum Komplex des Palastes der Marchesen, sondern zu einem angrenzenden Gebäude. An den Wänden ist ein Freskenzyklus dargestellt, der ein Ritterepos erzählt. Es handelt sich um unvollendete Szenen eines Künstlers, der zu den größten Vertretern der internationalen Gotik in Italien zählt, für die Einflüsse der Florentiner auf der Suche nach einem Raumgefühl jedoch sehr aufgeschlossen war. Diese Darstellungen - in einer gemischten Freskotechnik, bei der auch Temperafarben und Kleister verwendet sowie Gold und Silber aufgetragen wurden - inspirieren sich an den Rittern der Tafelrunde und des Bretonischen Sagenkreises, wie die französischen Namen neben den einzelnen Persönlichkeiten beweisen (an den Renaissancehöfen des Quattrocento war man besonders empfänglich für die Ritterideale). Beachtenswert ist die

Appartamento della Guastalla: Turnier von Louwerzep (Ausschnitt aus den Sinopien von Pisanello).

Sala degli Arazzi: Der wunderbare Fischzug (Ausschnitt aus den Wandteppichen im Stil Raffaels).

Szene des *Turniers von Louwerzep*, dem auf einer Tribüne elegant gekleidete Damen beiwohnen, während die Ritter sich einen erbitterten Kampf liefern. Der Zyklus wurde möglicherweise für den 1444 verstorbenen Markgrafen Giovan Francesco Gonzaga gemalt, aber die Datierung ist bis heute umstritten. Sicher ist, daß Pisanello sich mehrmals in Mantua aufhielt (einige behaupten von 1422 bis 1442, andere von 1442 bis 1447) und für die Gonzaga auch als Medaillenmaler tätig war. Sein malerisches Vermächtnis in Mantua geriet sehr bald in Vergessenheit, nur aus einem Dokument ging hervor, daß im Jahre 1480 die Decke in der "Sala di Pisanello" eingestürzt war; aber die genaue Lage des Saales war nicht bekannt. In diesem Zyklus schildert Pisanello nicht nur bretonische Rittersagen, sondern läßt auch Motive des Hoflebens der Gonzaga einfließen, wie der sich umdrehende Hund, das Hirschkalb und vor allem die Kette und der Anhänger mit dem Schwan, ein Emblem, das dem Marchesen 1436 durch König Heinrich IV. von England oder später durch die Hohenzollern verliehen wurde (ihnen gehörte Barbara von Brandenburg an; in diesem Fall wäre der Zyklus nach 1444 zu datieren). Im Zuge späterer Renovierungen wurden die vorhandenen Dekorationen in vielen Räumen verdeckt, und auch heute ist man nicht ganz sicher, ob sich unter den gegenwärtig sichtbaren, kilometerlangen Wanddekorationen des Palastes nicht weitere wertvolle Freskenzyklen befinden.

Im Verlauf der letzten Restaurierungsarbeiten des Zyklus machte man eine Reihe hochinteressanter Entdeckungen. Man fand heraus, daß Pisanello hier großenteils die Freskotechnik anwandte und daß der Zyklus nie zur Vollendung gekommen war, was am Ablauf der Geschichten zu erkennen ist. Der Maler mußte sogar die Arbeit unterbrechen und hinterließ teilweise rote Sinopien. Das Hauptfragment des verbliebenen Freskos (von dem abgelöste Teile zum Teil noch wieder interpretiert werden müssen) stellt einige Ritter mit ihren Pferden in Ruhestellung dar; ferner eine Gruppe Edelmänner, in deren Mitte eine Figur mit arabeskenverzier-

Appartamento Verde: Teilansicht der Sala degli Arazzi.

tem und vergoldetem Turban auffällt; bemerkenswert die Pferde, vor allem die Beine und Nüstern, die mit größter Sorgfalt gezeichnet sind.

Appartamento Verde

Von den Räumen des *Alkoven* hat man Zutritt zu der im *Ehrenhof* erbauten sogenannten *Neuen Galerie*, die Anfang des 17. Jahrhunderts von Viani ursprünglich als offene Loggia geschaffen und Ende des 18. Jahrhunderts von Paolo Pozzo in einen Ausstellungssaal verwandelt wurde. Hier sind besonders erwähnenswert ein Leinwandgemälde mit *Szenen aus dem Leben des heiligen Evangelisten Johannes* von Girolamo Mazzola Bedoli (1500-1569), eine *Geißelung* und *Grablegung* von Lorenzo Costa il Giovane (1537-1583) und schließlich ein *Tempelgang Mariens* von Domenico Fetti (1589-1623), der zu den größten Vertretern der mantuanischen Malerei

Der Salone dei Fiumi mit seinen Fresken.

Sala dello Zodiaco: die Nacht, wertvolle Dekoration des Deckengewölbes.

des 16. Jahrhunderts zählt.

Man kommt nun in das *Appartamento degli Arazzi*, das ebenfalls dem *Ehrenhof* zugewandt ist und 1779-80 nach einem Entwurf von Paolo Pozzo vollständig eingerichtet wurde. Die reiche malerische und plastische Ausstattung von Stanislao Somazzi und Giovanni Battista Marconi entspricht einem klassizistisch geprägten Stil, der in Mantua von den österreichischen Gouverneuren gefördert wurde, die diese Palastflügel für sich in Anspruch nahmen (viele Stuckarbeiten sind römischen Sarkophagen entnommen, was ihren Antiquitätenwert steigerte). Die Wände schmücken neun Gobelins aus der flämischen Schule, die nach Kartons von Raffael um 1530 in Brüssel gewebt wurden und kurz danach nach Mantua gelangten. Es handelt sich um ganz frühe Repliken der berühmten Gobelinreihe in der Vatikanischen Bibliothek, deren Kartons heute im Victoria and Albert Museum in London bewahrt werden. Die Themen sind dem Leben des heiligen Petrus und des heiligen Paulus im Neuen Testament entnommen. Der erste Raum enthält die *Heilung eines Gelähmten* (bemerkenswert die beiden gewundenen Säulen im Vordergrund, die diese Hauptszene einrahmen: es handelt sich um sogenannte "salomonische" Säulen, die in der Form den architektonischen Ordnungen im Cortile della Rustica entsprechen), das *Opfer in Lystra* (Lystra ist ein Ort in Kleinasien) und der *Tod des Hananias*; im zweiten Saal befinden sich die *Bekehrung des hl. Paulus*, die *Predigten des hl. Paulus in Athen* und das *Primat des hl. Petrus*, eine der bemerkenswertesten Darstellungen dieser Gobelinreihe.

Daran schließt sich der sogenannte *Passetto* an, ursprünglich die Kapelle dieser Gemächer, mit Fresken von Lorenzo Costa il Giovane am Tonnengewölbe; in dem nachfolgenden Raum sind weitere Wandteppiche im Stil Raffaels zu sehen, wie der *Wunderbare Fischzug* (der schönste dieser Gobelins), *Die Blendung des Magiers Elymas*, der sich der Predigt des hl. Paulus widersetzt, und schließlich das *Martyrium des hl. Stephanus*, der gesteinigt wurde, weil er für Jesus eingetreten war.

In der benachbarten *Sala dello Zodiaco* bilden die ebenfalls von Pozzo in klassizistischem Stil erneuerten Wände einen starken Gegensatz zu der sparsamen Darstellung der *Tierkreiszeichen*, die Lorenzo Costa il Giovane 1579 schuf; beachtenswert, am Gewölbe, die *Nacht*.

Nun betritt man den kulissenartigen *Salone dei Fiumi*, der im Auftrag von Herzog Guglielmo Gonzaga ab 1575 als Loggia gebaut und um 1780 auf der Grundlage noch spätbarocken Vorstellungen verhafteter Formen dekoriert wurde, während die beiden Grotten des späten 17. Jahrhunderts mit Marmorvasen ausgestattet sind,

Teilansicht des Ehrenhofes.

die an den Kopfwänden einen plastischen Raumabschluß bilden. Die Allegorien der *Flüsse*, die das Territorium des ehemaligen Herzogtums der Gonzaga durchfließen, teilen die linke Raumwand in malerisch durchbrochene Bildfelder, deren laubenartige Scheinöffnungen den großen, dem Hängegarten zugewandten Fenstern entsprechen. Giorgio Anselmi (1723-1797) schuf außer den *Flüssen*, bei denen Gaetano Crevola (bekannt von 1758 bis 1794) mitgewirkt hat, auch die Gewölbedekoration mit *Phäton, der von Helios den Sonnenwagen erbittet.*

Wohnung der Herzöge Guglielmo und Vincenzo
Ehrenhof

Der große *Ehrenhof* (oder *Herzoglicher Garten*) ist das Ergebnis mehrerer Umbauten, die vor allem zwischen dem 16. und 17. Jahrhundert erfolgt sind. Der Westflügel (das heißt, parallel zur Piazza Sordello) geht etwa auf das Jahr 1520 zurück, eine Zeit, in der die Markgräfin Isabella d'Este ihre neuen Gemächer (sog. Appartamento del Giardino) einrichten ließ, die zwei im 15. Jahrhundert gebaute Flügel der Corte Vecchia einnahm. Später wurde der Ehrenhof angelegt und in seiner Fassadengestaltung dem beginnenden 17. Jahrhundert angepaßt, indem man unten einen aus glatten Quadern bestehenden Laubengang schuf, der anfangs eine Loggia trug (die später auf allen vier Seiten zugemauert wurde und an der Südseite von der Loggia Nuova eingenommen wird).

Sala dei Falconi

Zwischen dem *Cortile delle Otto Facce* und dem *Ehrenhof* liegt die Sala dei Falconi, die von Herzog Guglielmo

Sala dei Falconi: Deckenornamentik.

um 1580 in Auftrag gegeben, in den frühen sechziger Jahren des 17. Jahrhunderts von Herzog Vincenzo restauriert und dann, wie im übrigen ein Großteil der Räume dieses Appartements, noch einmal in klassizistischem Stil umgestaltet wurde. Die Deckendekoration mit *Spielenden Putten und Falken* schuf Ippolito Andreasi (1548-1608); an den Wänden Gemälde mit *Notabeln* des Hofes der Gonzaga aus dem 15. und 17. Jahrhundert.

Saletta dei Mori

Der Raum zeichnet sich durch die Decke und den darunter verlaufenden Fries aus geschnitztem und vergoldetem Wurzelholz im venezianischen Stil aus, auf dem abwechselnd Mohren und Karyatiden (weibliche Figuren zur Stütze der horizontalen Elemente) erscheinen. An den Wänden Gemälde des 16. und 17. Jahrhunderts, unter anderem eine abgewandelte Kopie (16. Jh.) der *Madonna mit der Perle*, die Giulio Romano zugeschrieben wird und sich heute in Madrid befindet.

Spiegelgalerie

An die *Loggetta* schließt sich der *Corridoio dei Mori* (17. Jh.) an, der mit Stukkaturen, Medaillons und Grotesken aus der Zeit Herzog Ferdinandos (1613-1626) geschmückt ist. In der Loggetta befinden sich sechs Ölgemälde mit *Märtyrern* von Domenico Fetti aus dem beginnenden 17. Jahr-

Schöne Ansicht der Spiegelgalerie.

Spiegelgalerie: die Quadrigen des Tages (F. Gessi und G. Sementi, 17. Jh.).

hundert. Dann betritt man die Spiegelgalerie, ursprünglich eine zum *Ehrenhof* hin offene Loggia, die Antonio Maria Viani im Auftrag des Herzogs Vincenzo I. in den ersten Jahren des 17. Jahrhunderts gebaut hat und die als Raum für Empfänge und musikalische Darbietungen bestimmt war (im rechten Winkel dazu verläuft die *Galleria Nuova*, ebenfalls von Viani, deren Inneres aber erst im 18. Jahrhundert fertiggestellt wurde). Die Fresken am Gewölbe und in den Lünetten wurden von Künstlern ausgeführt, die unter Herzog Vincenzo I. am Hof von Mantua tätig waren, wie Francesco Borgani (1557-1624), wogegen die Wände später im klassizistischen Stil renoviert und ab 1779 unter Einbeziehung der Spiegel von Giocondo Albertolli gestaltet wurden. Die Darstellungen an den Wänden, die im 18. Jahrhundert von Felice Campi (1746-1817) übermalt wurden, charakterisieren diese außergewöhnlich prunkvolle Galerie, die mit verschiedenen mythologischen und allegorischen Darstellungen, in Verbindung mit genau berechneten optischen Effekten, zu den eindrucksvollsten Räumen der gesamten Residenz gehört - gleichsam eine vollkommene Verschmelzung der künstlerischen Elemente des 16. und 17. Jahrhunderts, die mit Büsten (17. Jh.) von *Prinzessinnen* abwechseln. Am Gewölbe sind besonders beachtenswert: die Darstellung des *Olymp* und der *Quadrigen mit dem Tag und der Nacht*, die Quellen zufolge Schülern von Guido Reni (und damit im Einklang mit dem Studium der Perspektive der Bologneser Quadraturmalerei) sowie Vertretern des prunk- und farbliebenden bayrischen Spätmanierismus zuzuschreiben sind. Insbesondere fällt bei diesen Darstellungen das Spiel mit der Perspektive auf. So hat man beispielsweise den Eindruck, daß die Pferde

Salone degli Arcieri: Detailaufnahme der Konsolen.

der Viergespanne nach ihrem Trab durch die ganze Galerie "gewendet" haben oder daß der Zeigefinger an der Hand der weiblichen Person in der Mitte der Wand den Betrachter auf dem ganzen Weg verfolgt.

Salone degli Arcieri

Es handelte sich ursprünglich um ein großes Vorzimmer, dessen Bezeichnung sich von der Leibwache des Herzogs herleitet und wo man die zur Audienz bei Vincenzo Gonzaga vorgelassenen Besucher warten ließ. Der nach einem Entwurf von Viani um 1620 fertiggestellte Raum sah die Verknüpfung zweier Ebenen des alten Gebäudes vor. Der Saal weist eine interessante Decke mit großen Konsolen in Form von Frauenfiguren (Karyatiden) auf; in den einzelnen Kassetten sind Drapierungen und vor allem Pferde dargestellt, die ebenfalls Viani zugeschrieben werden; in der Mitte der (aus dem Palazzo di San Sebastiano stammenden) Decke prangte vermutlich ein großes Gemälde. Der Saal enthält das Leinwandgemälde *Die Familie Gonzaga in Anbetung der Heiligen Dreifaltigkeit*, das Peter Paul Rubens (1577-1640) im Jahre 1605 malte. Das Werk befand sich ursprünglich in der Kirche SS. Trinità in Mantua, wo es in napoleonischer Zeit entfernt und zum Teil beschädigt wurde. Weitere interessante Werke sind eine Skizze von Rubens mit der Darstellung des *Martyriums der hl. Ursula, Die Geburt der Jungfrau Maria*, ein Gemälde aus der Werkstatt Tintorettos (1518-1594) (wird zur Zeit restauriert), und die *Wunderbare Brotvermehrung* von Domenico Fetti (1589-1623).

Sala del Labirinto: Detail der aus dem Palazzo di S. Sebastiano stammenden Holzdecke, die dem Saal seinen Namen gibt.

Sala del Labirinto

Dieser Saal ist nach der Decke (ebenfalls aus dem Palazzo di San Sebastiano) benannt, an der ein schönes Labyrinth dargestellt ist. Vergoldete Linien bezeichnen die Wege, die sich mit grünen Hecken überschneiden, nach der Art der Labyrinthe in Renaissancegärten. Auf jedem grünen Abschnitt steht der Spruch "vielleicht ja, vielleicht nein", den Gabriele D'Annunzio später als Titel für eine 1910 veröffentlichte Erzählung verwendet, die zum Teil in der Stadt der Gonzaga spielt. Rund um die Decke verläuft ein Streifen, der die Paneele organisch verbindet, mit einer Inschrift, die den Kampf des Herzogs Vincenzo gegen die Türken in Canizza in Wojwodina schildert (1601: das Motto weist vermutlich auf die Unentschlossenheit des Herzogs hin, sich an diesem Kampf zu beteiligen oder nicht). Die Gemälde an den Wänden und im Fries mit der Darstellung der *Zeitalter der Welt* stammen von Palma il Giovane (1544-1628) und von Sante Peranda (1566-1638), der auch die tiefer hängenden Porträts schuf (sämtliche Werke von Peranda kommen aus dem Schloß der Herzöge Pico in Mirandola).

Sala del Crogiuolo

Der Saal zeichnet sich durch seine reich gestaltete Decke und einen Fries aus (ebenfalls aus dem Palazzo di San Sebastiano, wie die übrigen Decken der benachbarten Räume). Der Name leitet sich von den Goldbarren im Feuer ab. Auf den Friesfeldern sind *Putten und Hunde* dargestellt. Sie wurden zur Zeit des Herzogs Guglielmo von Lorenzo Costa il Giovane für die *Stanza dello Zodiaco* ausgeführt und 1922 hier angebracht. An den Wänden hängen Porträts der Familie Pico di Mirandola, ebenfalls von Sante Peranda.

Sala di Amore e Psiche

Dieser Raum wurde im 17. Jahrhundert geschaffen und später in klassizistischer Zeit grundlegend verändert, als man in der Mitte der Decke das Tondo mit *Amor und Psyche* einfügte (um ein darunter befindliches päpstliches Wappen zu verdecken). An den Wänden Gemälde von Giuseppe Bazzani, dem größten Vertreter der mantuanischen Malerei in der ersten Hälfte des 18. Jahrhunderts.

Es folgen die *Saletta dei Quattro Ele-*

Gemälde aus dem 18. Jh. schmücken die Sala di Amore e Psiche.

Saletta dei Quattro Elementi.

menti mit vier Leinwandgemälden von Giorgio Anselmi (1723-1797), einem bedeutenden Maler, der in der zweiten Hälfte des 18. Jahrhunderts in Mantua tätig war, und einem ovalen Gemälde des gleichen Künstlers mit dem Porträt der Kaiserin *Maria Theresia von Österreich*; das Werk gehörte zu den Kunstgegenständen, die zur Zeit der Habsburger die repräsentativen Räumlichkeiten des Palastes schmückten. Dann die *Sala di Giove e Giunone*, ursprünglich die Privatkapelle (16. Jh.) des Herzogs Guglielmo, mit Gemälden von Carlo Bononi (1569-1632) und Giuseppe Maria Crespi (1665-1747). An der Decke ist außerdem eine Szene mit *Jupiter und Juno* dargestellt, nach der dieser Saal benannt ist. Schließlich betritt man die *Sala di Leda*, nach der an der Decke dargestellten Gottheit, an die sich ein *Stufetta* genannter kleiner Raum anschließt, ein beheiztes Studierzimmer mit schöner intarsierter Kassettendecke auf blauem Grund.

Domus Nova und der Giardino del Padiglione

(oder Gemächer der Eleonora de' Medici)

Der östlich und am Lago Inferiore gelegene Komplex der *Domus Nova* ging aus dem mittelalterlichen Kern des ursprünglichen Palastes des Gonzaga hervor, der zur Piazza Sordello gerichtet ist. Bei dem von Luca Fancelli erstellten und ab 1480 verwirklichten Entwurf han-

Das Domus Nova aus dem 15. Jh. liegt am Botanischen Garten.

delte es sich um einen rechteckigen Hof, der von vier Gebäudeflügeln umschlossen war, wobei die vierte Seite, die den Piazzale della Reggia (heute Piazza Lega Lombarda) begrenzte, nie zur Ausführung kam, so daß ein U-förmiger Raum entstand. Der nach Osten gerichtete, abschließende Gebäudetrakt, der heute von den Räumen des Amtes für Denkmalpflege (*Soprintendenza ai Beni Artistici e Storici*) von Mantua, Brescia und Cremona eingenommen und auch *Ala del Paradiso* genannt wird, war als *Wohnung für Eleonora dei Medici* bestimmt, als die Herzogin sich 1584 mit dem Herzog Vincenzo vermählte. Sehenswert in diesem Appartement sind die beiden *Salette delle Città* genannten Räume mit planimetrischen Darstellungen italienischer Städte und einer Reihe interessanter Stuckornamente; und die *Stanza dei Quattro Elementi*, für deren Ausgestaltung man sich auf Drucke von Antonio Tempesta aus dem frühen 17. Jahrhundert stützte.

Am Lago Inferiore, das heißt gegenüber vom *Cortile del Padiglione*, der schon Anfang des 17. Jahrhunderts als Botanischer Garten angelegt worden war, befindet sich die zum See weisende, ursprüngliche Fassade des Komplexes, die Luca Fancelli nach 1480 als Hauptfassade der Ostseite des Palastes entworfen hatte (diese Fassade wurde im Zuge der Restaurierung des Palastes 1942 vollendet). Es handelt sich um das einzige in Mantua bekannte Beispiel einer kanonischen Überlagerung von architektonischen Ordnungen, in diesem Fall von übereinander gestellten Lisenen, nach den von Leon Battista Alberti aufgestellten Regeln. Interessant ist auch die Tatsache, daß hier an einem Privatkomplex eine Kolossalordnung zur Anwendung kam, die zwei Geschoßebenen umfaßt, und zwar wiederum auf Vorschlag Albertis, insofern, als Fancelli sein Schüler und Bauleiter in der Stadt war.

Im Hof befand sich früher ein pavillonartig überdachtes Nymphäum (von daher der Name des Hofes), das 1581 von Bernardino Facciotto gebaut worden war und 1680 einem Freilichttheater weichen mußte (erhalten ist noch der Gang, der zu dem nicht mehr existierenden Alten Theater führte).

Appartamento dei Nani oder Scala Santa

Durch einen Flügel rechts des *Corridoio del Bertani* erreicht man das Appartamento dei Nani, auch Scala Santa genannt, das unter der Herzoglichen Wohnung der *Domus Nova* liegt und wegen seiner kleinen Ausmaße die Bezeichnung “Appartement der Zwerge” oder “Paradies-Wohnung” (nach dem gleichnamigen Gebäudetrakt) erhielt. In jüngerer Zeit schrieb man diesen Räumen devotionalen Charakter zu, indem man in ihnen eine Miniatur der Heiligen Treppe in Rom erblickte; der Komplex wurde auf Wunsch des Herzogs Ferdinando Gonzaga als großes Reliquiar gestaltet und 1615 eingeweiht. Der zentrale Raum besteht aus einem achteckigen Saal (*Reliquiar*), den man betrat, nachdem man die anderen Räume auf den Knien durchquert hatte.

Corte Nuova

Im Verlauf des Cinquecento erfuhr der Palast eine beachtliche Erweiterung im Bereich der Schauseite am Lago Inferiore und der Freiräume zwischen dem Kerngebäude der Corte Vecchia und dem Castello di San Giorgio. Seit den von den Markgrafen in Auftrag gegebenen Arbeiten bis zu Giulio Romano, der 1524 in der Stadt eintraf, fügte man weitere wichtige Gebäude an die Residenz der Gonzaga an. Viele davon wurden wahrscheinlich von dem Architekten nur im Konzept angelegt und dann von seinem Amtsnachfolger Giovan Battista Bertani ausgeführt, der dem Gebäude insgesamt den Charakter seiner heutigen Struktur verlieh. Auf Giulio Romano gehen der Bau der sogenannten *Rustica* (mit Blick auf den Lago Inferiore), die Umbauten in den Gemächern um den *Cortile dei Cani* sowie die *Palazzina della Paleologa* (neben dem Castello, im 19. Jahrhundert abgetragen) zurück. Leider verstarb der Architekt im Jahre 1546, so daß er seine Projekte nicht zu Ende führen konnte. Die Arbeiten nahm sein Schüler Giovan Battista Bertani wieder auf, der schon seit 1531 Mitarbeiter des Meisters war. Bertani befaßte sich möglicherweise seit 1549 mit der Fertigstellung des *Cortile della Mostra* (im 18. Jahrhundert *Cavallerizza* genannt, nach einem Entwurf von Giulio Romano), der die "Estivale" (oder Rustica) und "Troia" genannten Gemächer miteinander verband; vor allem aber verwirklichte er hinter den Räumen Giulios eine Reihe weiterer wichtiger Bauten, wie die Palastkirche Santa Barbara, den Korridor, der eine Verbindung vom Castello di San Giorgio zur Corte Vecchia herstellte, den großen sogenannten *Cortile del Prato di Castello*, sowie einen neuen monumentaleren Zugang zu dem gesamten Komplex.

Die Vollendung des Werkes kam Antonio Maria Viani zu, der viele Räume umfunktionierte, Verbindungsgänge schuf und die Appartements im Stil einer prunkliebenden Generation des 17. Jahrhunderts neu einrichtete. Im 18. Jahrhundert erneuerten Paolo Pozzo und eine Reihe von Künstlern aus der städtischen Akademie der Schönen Künste noch einmal die Räume, mit besonderem Augenmerk auf die plastische und malerische Dekoration, die dem neuen künstlerischen Klima der damaligen Zeit angeglichen wurde.

Appartamento della Metamorfosi oder Galleria del Passerino

Das Appartamento della Metamorfosi besteht aus vier aufeinander folgenden Räumen, deren Themen für die mit Stukkaturen eingerahmten Darstellungen der Deckendekoration den *Metamorphosen* des lateinischen Dichters Ovid entnommen sind, wie sie Antonio Tempesta in der 1606 in Antwerpen erschienenen Ausgabe dieses Werkes wiedergegeben hat (so gehen auch die Bilder der *Vier Elemente* im gleichnamigen Saal des benachbarten *Appartamento di Eleonora de' Medici* auf Radierungen nach Werken Tempestas zurück); die

Motive erscheinen im Fries und an den Gewölben von drei Sälen.

Der Bau des Appartements geht auf das zweite Jahrzehnt des 17. Jahrhunderts zurück; doch hatte Viani schon um 1594-95 den Auftrag von Herzog Vincenzo erhalten, der hier seine naturkundlichen Sammlungen unterbringen wollte (von daher auch der Name "*Stanze dei Quattro Elementi*": Erde, Wasser, Luft und Feuer). Es handelte sich um eine Art *Wunderkammer*, in denen der Herzog seine Raritätensammlungen aufbewahrte, seltsame, versteinerte, monströse Gegenstände und auch den einbalsamierten Leichnam von Passerino Bonacolsi (von dieser Präsenz hing die Dynastie der Gonzaga ab, deren Herrschaft der Legende nach über Mantua so lange dauern würde wie sie im Besitz des Leichnams von Passerino gewesen wären. Im 18. Jahrhundert ging der Leichnam bei einer Umbettung verloren, weshalb die Gonzaga denn auch aus der Stadt vertrieben worden seien). In der Galerie sind antike Marmorwerke ausgestellt, unter anderem ein Relief mit dem *Kampf zwischen Galliern und Römern* aus dem 1. Jahrhundert v. Chr. Es handelt sich um einen bedeutsamen Fund, der mit allerhand Plunder von Giulio Romano nach Mantua gelangte. Der Künstler hatte die Komposition bereits als Inspiration für den Kampf in der Sala di Costantino im Vatikan benutzt, und später wurde das gleiche Vorbild in freier Interpretation hier im Palazzo Ducale von Romano für die Szene *Kampf um den Leichnam des Patroklus* in der *Sala di Troia* wiederaufgegriffen.

La Rustica oder Appartamento Estivale

Das von Giulio Romano geplante und von Bertani fertiggestellte Appartement wurde nach dem 16. Jahrhundert radikal verändert, so daß man nicht mehr genau sagen kann, wie es vorher aussah. Der Komplex besteht aus drei bestimmten Bereichen, von denen der Trakt mit Blick zum Cortile del Padiglione im Vergleich zu den von Giulio Romano durchgeführten Arbeiten mit Sicherheit aus späterer Zeit stammt und im Zusammenhang mit dem Werk von Antonio Maria Viani zu sehen ist.

Der erste Saal mit reichen Stuckdekorationen heißt *Camera degli Amori di Giove*, da in den Lünetten Jupiter und seine Geliebten dargestellt sind. Es folgt das *Camerino di Orfeo* genannte Zimmer mit vier Stucktafeln, die aufgrund ihrer hellen Farbgebung auf dunklem Grund wie Kameen wirken, und einem Fresko, das den *Orpheus-Mythos* wiedergibt. Dann die *Stanza dei Pesci* oder *di Nettuno* mit Malereien von Muscheln und Meerestieren, die Lorenzo Costa d. J. zugeschrieben werden. Man kommt dann in die *Sala dei Frutti*, den Hauptraum der Wohnung, der möglicherweise ursprünglich als Loggia vorgesehen war und später ebenfalls von Lorenzo Costa mit von Früchtekränzen eingerahmten Episoden und Figuren ausgeschmückt wurde. Erzählt wird die *Geschichte Mantuas*, jedoch in der Interpretation des 16. Jahrhunderts, wo im Vergleich zu Vergils Version verschiedene Geschichten eingeflochten sind, etwa die *Legende über*

Manto, hier verstanden als namengebende Heldin und Gründerin der Stadt. Beachtenswert die Episoden die *Gründung Mantuas* und der *Bau der Stadttore*.

Das Appartement umfaßt noch weitere Räume, unter anderem den *Salone delle Quattro Colonne* (Saal der vier Säulen) und den *Salone delle Due Colonne* (Saal der zwei Säulen) mit der einst sehenswerten Architekturmalerei, die jedoch heute kaum noch zu erkennen ist.

Im Erdgeschoß befindet sich ein Raum, in dem *Spielende Putten unter einer von gewundenen zierlichen Säulen getragenen Laube* dargestellt sind. Das Thema ist beachtlich, da es von der Vorliebe Giulio Romanos und seiner Schule für die architektonische Ordnung der gewundenen Säulen zeugt. Diese sehr spezielle Ordnung offenbart zwei Aspekte: einen religiösen, insofern als diese "salomonischen" Säulen auf ihren biblischen Ursprung hinweisen - Beispiele hierfür finden sich in dem (von den Gonzaga 1559 gekauften) raffaelischen Arazzo mit der *Heilung eines Gelähmten* an den Wänden des Grünen Appartements hier im Palazzo Ducale oder in dem Gemälde mit der *Beschneidung des Herrn*, ebenfalls von Giulio Romano, das heute im Louvre zu sehen ist; der rustikale Charakter dieser Säulen eignet sich hingegen für die seltsamen Pavillons und Grotten in den Gärten wie hier oder in dem benachbarten Cortile della Cavallerizza (Raffaels und Giulios Vorliebe für gewundene Säulen beeinflußte außer Bertani auch die Abhandlung von Cristoforo Sorte über die *Malerei*, die 1584 erschienen ist).

Cortile della Cavallerizza

Dieser Cortile della Cavallerizza genannte Hof, der im 16. Jahrhundert "Cortile della Mostra" hieß, wurde lange Zeit ganz für ein Werk von Giulio Romano gehalten, während man heute aufgrund einiger Dokumente der Meinung ist, daß Romano nur die Fassade des sogenannten Rustika-Komplexes im Süden schuf. Giovan Battista Bertani hingegen wird die Verbindung der Rustika durch den sog. "Corritore discoperto" (offene Passage) am See mit dem ebenfalls von Romano geplanten gegenüberliegenden Gebäude zugeschrieben. An der vierten Seite, die heute die Ausstellungsgalerie beherbergt, standen Mitte des 16. Jahrhunderts verschiedene Gebäude, die später von Viani zusammengefaßt wurden; möglicherweise war es aber auch schon Bertanis Absicht, diese Seite mit einer ähnlichen Fassade, wie wir sie heute sehen, den anderen Hofseiten anzupassen.

Mit Bezug auf die Rustika ist bekannt, daß in den Jahren 1538-39, während man die Arbeiten des gegenüberliegenden *Appartamento di Troia* zum Abschluß brachte, auch die Arbeiten an dieser Hofseite in Angriff nahm. Der nach Osten zum See gerichtete Komplex, der in den heißen Monaten (daher die Bezeichnung "Appartamento Estivale", d.h. Sommerwohnung) besonders angenehm ist, weist zum Hof in der unteren Zone einen Pfeilerportikus aus Rustikasteinen auf, der ursprünglich auch den Rahmen für eine Gartenanlage mit Bächen und Fontänen

Der Glockenturm der Basilica Palatina di Santa Barbara aus dem 16. Jh. überragt den eindrucksvollen Cortile della Cavallerizza.

bildete (Giulio Romano baute diesen Portikus, der dank der weiten Bogenstellungen dem Hochwasser des Sees standhielt). In den oberen Geschossen befindet sich eine bemerkenswerte Ordnung mit Halbsäulen, deren kannelierter gewundener Schaft für die Gartenarchitektur geeignet war; die Kapitelle und das darüber verlaufende Gebälk gehören der dorischen Ordnung an, die Romano auch beim Hof des Palazzo Te verwendete. Man hatte angenommen, daß der Entwurf Romanos anfangs nur drei Joche vorsah, aber da die Bossenquadern alle gleich sind und vollkommen symmetrisch zur Mittelachse angeordnet sind, darf man davon ausgehen, daß die gesamte heutige Fassade auf einen Entwurf von Giulio Romano zurückgeht, wie auch viele baulichen und formalen Details beweisen, während die Fensterpfosten aus späterer Zeit stammen könnten, möglicherweise von Bertani.

Bertanis Eingriff erfolgte wahrscheinlich zwischen 1549 und 1556, als die Kurtine des zum See offenen "*Corritore*" nach dem Abbruch einer alten Festungsmauer fertiggestellt wurde. Diese breite, kulissenartige Kurtine mit doppeltem Wechsel von Bögen und Fenstern (nach einem Rhythmus, den einige Historiker auf ein antikes römisches Aquädukt zurückführen) zeigt nach außen keinerlei Dekorationsdetails, ein Zeichen dafür, daß man keine neue Fassade für den Palast schaffen wollte und daß die Eleganz dieser Architektur sozusagen nur im Inneren zum Ausdruck kommen sollte. Bertani hätte sich demnach darauf beschränkt, an den Hofansichten die von Giulio Romano bereits an der Rustica verwirklichten Fassadengliederung aufzugreifen, indem er darüber hinaus die Loggia, die sich ursprünglich an der Schloßseite auf der Höhe des *Appartamento di Troia* befand, zu der heutigen Galleria dei Mesi umbaute und erweiterte.

Der Hof, der wie in römischen Amphitheatern je nach Witterung mit einem Zeltdach überdeckt werden konnte, wurde für Paraden und Turniere benutzt, wie auch der umliegende See für höfische Vergnügungen wie Seeschlachten (Naumachien) und Feuerwerke bestimmt war, denen man vom *Corritore* aus zusehen konnte. Erst im 18. Jahrhundert diente die sog. Mostra als Reitbahn und erhielt den Namen Cortile della Cavallerizza. Damals baute man sogar ein Holzdach, für das Francesco Galli Bibiena den Entwurf lieferte.

Galleria della Mostra

Die vierte Seite des *Cortile della Mostra* (möglicherweise hatte aber auch Giulio Romano oder Bertani bereits den Bau des eigentlichen Hofes vorgesehen, der zum Westen, d.h. zum Palastinneren hin begrenzt war) ließ Herzog Vincenzo durch seinen Hofarchitekten Giovan Antonio Viani von 1592 bis 1612 durch die etwa siebenundsechzig Meter lange und sieben Meter breite Galleria della Mostra schließen, die bereits 1590 von dem Architekten Dattari begon-

Teilansicht der Galleria della Mostra.

nen worden war. Diese Galerie sollte einen Teil der herzoglichen Kunstsammlungen und archäologischen Funde aufnehmen. Viani, der eine Reihe vorhandener Gebäude und Räume zusammenlegte, inspirierte sich bei dieser Front an der Formensprache Giulio Romanos und bei den drei anderen Seiten auch an Bertani, während er innen einen Raum mit doppeltem Volumen schuf, der zusätzlich durch die (an den anderen Hofseiten blinden) Fenster des Dachgeschosses beleuchtet wurde. Noch heute werden in den großen Nischen der Galerie, die früher mit Türen verschlossen waren, bemerkenswerte *Porträts* aus der Römerzeit bewahrt (die Decke ist großenteils das Ergebnis einer Restaurierung aus dem Jahr 1934, und viele Büsten sind Kopien).

Appartamento di Troia oder Wohnung des Herzogs Federico II.

Von 1536 bis 1539 beschäftigte sich Giulio Romano mit der Einrichtung dieser neuen Wohnung, die ursprünglich "Appartamento di Castello" genannt wurde, da sie neben dem Castello di San Giorgio lag, und deren Bezeichnung "Sala di Troia" von den Darstellungen im Hauptsaal herrührt. Sehr interessant sind wegen ihres Bezugs auf die antike Kultur die halbkreisförmigen Decken dieser Räume (mit Ausnahme der *Camera dei Cavalli*), die für die Aufnahme der herzoglichen Antikensammlungen bestimmt waren und wo eine direkte Entsprechung zwischen den Exponaten und dem architektonischen Rahmen zu beobachten ist. Die Arbeiten in diesem Appartement waren 1574 noch voll im Gange, als Herzog Guglielmo, der diesen Flügel bewohnte, anläßlich eines Besuches von König Heinrich III. von Frankreich in die Corte Vecchia umziehen mußte. Bertani hatte in den Vorjahren die ursprüngliche Idee Giulio Romanos bereits stark verändert, der vor dem Cortile della Mostra eine Loggia vorgesehen hatte; Bertani mauerte sie zu und verwandelte sie in eine Galerie, die heute *Galleria dei Mesi* oder *Galleria dei Marmi* genannt wird (sie enthält heute jedoch keine antiken Gegenstände mehr). Im Zuge dieses Umbaus wurde der Eingang in die *Sala di Manto* im Inneren des Appartements verlegt, während andere Räume, die im Originalentwurf Giulios nicht vorgesehen waren, dem Komplex zugefügt wurden, so daß sich auch die ursprünglichen Raum- und Beleuchtungsverhältnisse änderten.

Galleria dei Mesi oder Galleria dei Marmi

Die *Loggia dei Mesi*, die anfangs nur aus drei Jochen bestand, wurde nach einem Entwurf von Giulio Romano als offene Loggia gebaut, die auf beiden Seiten mit einer Apsis abschloß (1538-39); der Name rührt von den Stuck- und Freskodekorationen an den Wänden her, wo in den Bogenzwickeln aus Stuck gefertigte, die *Tierkreiszeichen* tragende *Putten* erscheinen. 1573 wurde die Loggia in der Länge verdoppelt und auf

Appartamento di Troia: die Galleria dei Mesi oder Galleria dei Marmi.

Wunsch des Herzogs Guglielmo von Bertani zugemauert, der zum Cortile della Cavallerizza hin eine an der Rustica Romanos inspirierte, neue Außenfassade schuf. So enstand eine regelrechte Galerie, die für die Aufnahme der antiken Marmorstatuen des Herzogs bestimmt war. Es war dies die erste Galerie im Palast, die den Namen Galleria dei Marmi erhielt und nach französischem Geschmack eingerichtet war, doch handelte es sich um das erste Museum in seiner Art, wo in Nischen antike Statuen und Reliefs ausgestellt waren. Das Innere dieses großen Raumes ist reich geschmückt: auf Sockeln stehende Lisenen rahmen an der rechten Wand die an die Stelle der offenen Bögen getretenen Fenster ein; links befinden sich dagegen Nischen, in denen marmorne Büsten aufgestellt sind.

Die Kopfenden der Galerie, von denen nur eines auf einen Entwurf Romanos zurückgeht, schließen mit breiten Nischen ab. Ein der Antike entlehntes Tonnengewölbe bildet die Decke der Galerie, wogegen sämtliche Dekorationen, wie auch die übrigen architektonischen Elemente, klassischen Vorbildern mit Putten, Siegesgöttinnen, Rankenwerk und Grotesken entsprechen; Dekorationsmotive, die schon im Kreis Raffaels, Giulio Romanos Lehrer, angewandt wurden und später auch von Künstlern, die mit Bertani zusammenarbeiteten, übernommen wurden.

Am Ostende der Galerie befinden sich in den Türflügeln bemerkenswerte Marmorreliefs aus augusteischer Zeit und, insbesondere, der *Thron Jupiters*, den Giulio Romano mit der Einfügung einer Stuckfigur, den Mundschenk der Götter, *Ganymed* darstellend, vollendete. Das wertvollste Stück der heutigen Antikensammlung bildet jedoch eine antike Marmorgruppe aus hadrianischer Zeit (mit einigen Ergänzungen, wahrscheinlich ebenfalls von Giulio); es handelt sich um eine *Amazonomachie*, bei der in drei großen Gruppen mit je fünf Figuren die Amazonen gegen die Griechen kämpfen, umringt von Gefallenen und scheuenden Pferden. Ursprünglich war dieses Relief von Giulio Romano über einer der beiden Eingangstüren des *Appartamento di Troia* angebracht worden (die andere Tür schmückte ein Relief aus antoninischer Zeit), wie auch an vielen anderen Stellen des Palastes Antiquitäten von dem immensen Reichtum der Sammlung der Gonzaga zeugten, vor allem nachdem ihr viele Gegenstände aus dem Besitz der Markgräfin Isabel-

Herrliche Fresken schmücken die Sala di Troia.

la, Andrea Mantegnas und Giulio Romanos zugeflossen waren. Ein Großteil dieser wertvollen Sammlung wurde jedoch zwischen 1626 und 1711 entwendet oder verkauft. Die meisten heutigen Exponate stammen aus dem Antiquarium von Sabbioneta, das Vespasiano Gonzaga gehörte.

An die Galleria dei Mesi schließt sich die *Loggia di Eleonora* an, von der man einen wunderschönen Blick auf den Lago Inferiore genießt. Bemerkenswert sind die Mediciwappen der Herzogin und die Wappen des Herzogs Vincenzo von Gonzaga.

Sala di Troia

Während die kleineren Räume der Wohnung mit Figuren geschmückt sind, die Motiven aus der Natur (Vögel, Pferde usw.) entnommen sind, weist der ursprünglich für Audienzen benutzte Troja-Saal Szenen aus dem Kriegsepos mit gewaltigen Darstellungen auf, die sich an Homer inspirieren und mit archäologischen Details und Motiven der Antike verflochten sind. Der Saal wurde zwischen 1536 und 1539 von Giulio Romano und seinen Gehilfen dekoriert. Am Gewölbe und an den Wänden zeichnen sich Götterfiguren ab, die das Geschehen jedoch unbeteiligt verfolgen, während die Verherrlichung nicht den trojanischen, sondern den griechischen Helden wie *Achilles und Diomedes* gilt. Den hellenenfreundlichen, literarischen Hintergrund lieferte Benedetto Lampridio, der mit diesen Allegorien die politische Rolle Federico Gonzagas und Mantuas als neuen Olymp hervorhob. Die Verherrlichung der Gonzaga stand in enger Beziehung zur griechischen Kaiserdynastie, nachdem Margarethe Palaiologos, die einer

Sala di Troia: Stieropfer (römischer Sarkophag aus dem 2. Jh. n. Chr.).

hochstehenden byzantinischen Familie entstammte, 1531 diesen Fürsten heiratete. Die Wände bedecken bemerkenswerte Fresken. Von links nach rechts: der *Raub der Helena*, der *Traum der Hekuba*, das *Urteil des Paris*. An der Rückseite: der *Bau des Hölzernen Pferdes*, *Vulcanus schmiedet die Waffen für Achilles*, *Laokoon und seine Söhne werden von Meeresschlangen getötet* und *Ajax Oileus wird auf dem Felsen vom Blitz getroffen*. Am Gewölbe ist der *Olymp* dargestellt, mit den jeweils für die Griechen und Trojaner Partei ergreifenden Göttern, umringt von Schlachtenszenen aus der *Ilias*. *Der Kampf um den Leichnam des Patroklus* inspiriert sich an einem antiken Vorbild, das durch Giulio Romano nach Mantua gelangt war und jetzt im *Appartamento delle Metamorfosi* (oder *Galleria del Passerino*) ausgestellt ist. Im unteren Wandabschnitt waren Schränke untergebracht, in denen bedeutende Kunstgegenstände aus der Gonzaga-Sammlung aufbewahrt wurden, die aber auch leider verlorengegangen sind.

Camera dei Cavalli

In diesem 1536 eingerichteten Saal wandte Giulio Romano für die Ausschmückung eine Reihe von Kompositionselementen an, mit denen er die Unebenheiten der Wände ausglich und die trapezförmige Anlage des Raumes zu korrigieren versuchte. Außerdem benutzte er verschieden breite Rahmungen und Ornamente, um auf der Grundlage perspektivischer Gesetze den Eindruck der optischen Gleichmäßigkeit zu erwecken. Diese Kunstgriffe benutzte er auch für die Kassettendecke mit unterschiedlich großen Feldern. Als die Auftraggeberin Isabella d'Este nach der Umgestaltung 1536 "die Camera dei Cavalli betrat, fand sie den Raum so schön, daß sie nicht aufhören konnte, ihn zu rühmen". Romanos Gemälde mit den *Pferden* existieren heute nicht mehr, während in der Mitte der Decke 1928 ein Gemälde angebracht wurde, das von Giulio Romano mit Sicherheit für den Eingang zum *Appartamento di Troia* vorgesehen war. Am Gewölbe ist der *Sturz des Ikarus* dargestellt, wogegen die Deckenkassetten an den Ecken sehenswerte Stilleben mit Früchten und Gemüse enthalten - die ersten Darstellungen dieser Art.

Appartamento Grande oder Wohnung des Herzogs Guglielmo

Neben dem *Appartamento di Troia* - das um den sogenannten *Cortile dei Cani* angeordnet ist, einen Hof bzw. ehemaligen Hängegarten (der Name geht aus einer steinernen Widmung an "Oriana, das blaue Hündchen" hervor), dessen Außenwände, wie auch die mit Grotesken geschmückte Loggetta, bemalt waren - liegt das Appartamento des Herzogs Guglielmo, das Giovan Battista Bertani ab 1572 durch die Umgestaltung von Räumen Romanos schuf. Das Ergebnis der 1580 abgeschlossenen Arbeiten war eine der vornehmsten Suiten im Palast, die Herzog Vincenzo später noch reicher ausstatten ließ, um hier prunkvolle Hoffeste zu veranstalten (wie seine Hochzeitsfeier 1584). Auch in der Folgezeit, während der österreichischen Besetzung, waren diese Gemächer die elegantesten Repräsentationsräume des gesamten Komplexes.

Sala di Manto

Der Saal entstand durch Zusammenlegung einer Reihe von Räumen aus dem 15. Jahrhundert durch Bertani (1572) als Zugang zu der neuen herzoglichen Wohnung über die nahegelegene Treppe, die den Namen *Scalone di Enea* trug.

Der für Empfänge und Feste konzipierte Saal ist nach den acht durch Lisenen unterteilten Bildfeldern benannt, die Lorenzo Costa il Giovane in einer einzigartigen Technik der Ölwandmalerei schuf. Die Szenen beziehen sich auf die legendäre Grün-

Appartamento Grande: Blick in die Sala di Manto.

Appartamento Grande: Ansicht der Sala dei Capitani.

dung von Mantua durch Manto, die Tochter des Wahrsagers Tiresias, nach der Erzählung der klassischen Autoren, die von den Intellektuellen des Hofes der Gonzaga in der zweiten Hälfte des Cinquecento ¸berarbeitet wurde. Auf Wunsch des Herzogs Guglielmo entstanden somit die Darstellungen *Die Landung Mantos* und das *Gastmahl der Manto*, während andere Szenen stark verwittert und schwer zu erkennen sind. Beachtenswert ist auch die Holzdecke, die den Raum vereinheitlicht, sowie die heute hier aufgestellten antiken Statuen, unter anderem ein *Apollo von Mantua*, römische Kopie eines griechischen Originals des 5. Jahrhunderts.

Das Appartement setzt sich fort mit einer Reihe von Räumen, in denen die Dynastie der Gonzaga verherrlicht wird, wie die *Sala dei Capitani* (die Decke wird Bertani zugeschrieben) und die *Camera dei Marchesi* (1580 neu erbaut) mit allegorischen Stuckfiguren, von denen neben verschiedenen Markgrafen und Herzögen die *Geometrie* und die *Architektur*, die ursprünglich in enger Beziehung standen mit den Gemälden der hier bewahrten und von Tintoretto (1518-

Sala di Manto: Apollo von Mantua.

1594) ausgeführten *Fasti der Gonzaga* (heute in München), besondere Beachtung verdienen.

Die Bildthemen der sich anschließenden Räume gehen vermutlich auf Pirro Ligorio zurück, der sich 1573 im Palast aufhielt.

In der sogenannten *Loggetta del Tasso* (der Überlieferung nach soll in diesem kleinen Appartement von 1586 bis 1587 Torquato Tasso gewohnt haben) befinden sich sehenswerte Stuckreliefs mit Darstellungen über die *Evolution des Menschen* nach der Abhandlung *De Architectura* des lateinischen Verfassers Vitruv und *De Rerum Natura* des ebenfalls lateinischen Dichters Lucrez: wie die *Erfindung des Feuers*, die *Jagd*, der *Krieg* und vor allem die *Musen der Kunst*, die zusammen mit den *Tugenden* auch in der benachbarten *Sala delle Virtù* dargestellt sind (die Zyklen wurden wahrscheinlich von Lorenzo Costa il Giovane ausgeführt).

Castello di San Giorgio

Die von 1390 bis 1406 erbaute mächtige Burg ist ein Werk des Ingenieurs Bartolino da Novara, von dem auch die erste Anlage der Kirche S. Maria delle Grazie vor der Stadt sowie zahlreiche Bauwerke in anderen italienischen Stadtstaaten, wie das Castello Estense in Ferrrara (1385) stammen. Der im Stadtpanorama von Mantua herausragende Komplex am Rand der Seen, der sich unmittelbar an die Residenz der Gonzaga anschließt und von einem Wassergraben mit Zugbrücken umgeben ist, wurde mit der wachsenden Macht der Marchesen schon bald zur *Dependence* ihrer Residenz, so daß ab Mitte des 15. Jahrhunderts die Räume und Wehranlagen eine Reihe hochqualifizierter künstlerischer Veränderungen erfuhren, wie die Restaurierung des zentralen Hofes durch

Der mächtige Bau des Castello di San Giorgio.

Mantegna und Luca Fancelli oder die Gestaltung der *Camera degli Sposi* durch Andrea Mantegna. Im 16. Jahrhundert wurde das Schloß immer mehr in die Residenz einbezogen, und die ursprünglich aus einem zentralen Kerngebäude und vier mächtigen vorspringenden Ecktürmen bestehende Anlage verschmolz allmählich mit einer Reihe von Anbauten; dieser Gebäudekern wurde erst im Verlauf der Restaurierungsarbeiten im 19. Jahrhundert wieder herausgelöst.

Aufnahme in der alten Stadt.

Camera degli Sposi oder "Camera Picta"

Nachdem man die *Sala del Fregio* (wo zwei interessante kleine Tafelgemälde des 15. Jahrhunderts mit dem *hl. Benedikt und der hl. Scholastika* zu sehen sind) und die *Camera degli Stemmi* durchquert hat, erreicht man die Camera degli Sposi, die zur Zeit der Gonzaga "Camera Picta" hieß, einen Saal mit weltberühmten Renaissancemalereien, die zwischen 1465 und 1474 im Auftrag des Markgrafen Ludovico und seiner Gemahlin Barbara von Brandenburg von Andrea Mantegna geschaffen wurden. Dieses Werk wurde auf-

Ansicht der Camera degli Sposi, Schatzkästchen der Renaissancemalerei Andrea Mantegnas.

Camera degli Sposi: Die Begegnung, Detail (Andrea Mantegna).

grund der neuen szenographischen und perspektivischen Erkenntnisse im Laufe der Zeit für zahlreiche Künstlergenerationen Vorbild für jede figürliche Darstellung. Der Raum erhielt damals ein komplexes Tonnengewölbe, das von Lünetten und Keppen getragen wurde, die wiederum auf seitlichen Konsolen ruhten (kapitellartige Kragsteine in der Wand, von denen stukkierte Bögen als Gewölbeschmuck ausgehen). Eine solche Konstruktion läßt auf den Rat eines qualifizierten Architekten schließen (Leon Battista Alberti, der von 1459 bis 1460 ständig in Mantua gelebt hatte, schuf in jenen Jahren ebenfalls im Auftrag des Markgrafen Ludovico die Kirche San Sebastiano).

Die dargestellten Themen beziehen sich wahrscheinlich auf die Erzählung einer Begebenheit im Hause Gonzaga von 1462, als am Hof von Mantua die Aufforderung seitens der Bianca Maria Visconti einging, sich unverzüglich nach Mailand zu begeben, da sich der Gesundheitszustand des Herzogs Francesco Sforza verschlechtert hatte; nach Meinung anderer Kunsthistoriker handelte es sich hingegen um die Ernennung des

Camera degli Sposi: Der Ausschnitt zeigt die Hunde der Familie Gonzaga.

Camera degli Sposi:
Der Markgraf Ludovico II. und Barbara von Brandenburg.

Sohnes Francesco zum Kardinal.

Wie auch immer, es handelt sich um das einzige dekorative Werk Mantegnas in dieser Größenordnung, das sich in seinem ursprünglichen Ambiente erhalten und trotz zahlreicher Restaurierungen keine allzu starken Veränderungen erfahren hat. Der nicht sehr große, kubusähnliche Raum mit zwei Fenstern war ursprünglich ein Schlafzimmer, wie die eisernen Haken zur Befestigung des Baldachins an der südlichen Wand und an der Decke zeigen. Der Raum diente nicht ausschließlich als Arbeitszimmer, sondern wurde auch als *Audienzsaal* für die engeren Mitglieder des Hofes und als privates Geschäftszimmer benutzt. Die von Mantegna geschaffene Dekoration zielte auf eine illusionistische Raumwirkung ab, angefangen von dem berühmten Rundfenster in der Mitte, wo unter einem von Wolken durchzogenen herrlich blauen Himmel von einer Brüstung Putten, Tiere, Damen und exotische Figuren hinunterschauen (die Brüstung, die nicht nur den Himmel bzw. den sog. "Kuppelhimmel" einrahmt, ist ein sehr beliebtes Motiv der Renaissancekunst und ist auch in der nach 1480 entstandenen Kirche S. Maria delle Carceri in Prato zu sehen), wie auch die gesamte Dekoration zahlreiche solcher "Kunst-

Landschaft (Detail).

Links: ***Edelmänner (Ausschnitt). Die von Mantegna angewendete Art der perspektivischen Darstellung wurde vom Klassizismus der römischen Schule Raffaels im 16. Jh. nicht besonders geschätzt. Das läßt die Beschreibung dieses Raumes durch Sebastiano Serlio erkennen, in der das Gedränge der Figuren bei Mantegna kritisiert wird.***

griffe" enthält, die der optischen Täuschung dienen. Außer dem Rundfenster an der Decke, das die Illusion einer Öffnung schafft, sind auch die Girlanden an den von falschen Pfeilern getragenen Rippen bemalt, damit der Eindruck entsteht, daß der Betrachter von unten nach oben blickt, während acht rautenförmige Felder eine große rippenartige Struktur bilden, die statisch keinerlei Funktion besitzt. Diese Rippen enthalten in den Lünettenkappen mythologische Szenen, acht Medaillons mit römischen Kaisern, geradlinige und kreisförmige Girlanden und Urnen im Stil der Antike. Einige Kunsthistoriker sehen in dieser komplexen Darstellung das Beispiel einer antiken Bautypologie (möglicherweise die römische *Domus* oder eine Art Sonnentempel), die Alberti in jenen Jahren in seiner Abhandlung über die Architektur untersuchte.

Die Liliputanerin, Detail des Gemäldes, das Ludovico II. und Barbara von Brandenburg zeigt.

Die beiden im Schatten liegenden Wände sind mit Tapisserien aus einfarbig damassiertem Leder bezogen, während die beiden anderen durch das schräg einfallende Licht wunderschön beleuchtet sind. An der Westwand teilen Pfeiler mit reichverziertem Kandelaberschaft den mit Figurendarstellungen bedeckten Raum in

Camera degli Sposi, Ansicht des Deckengewölbes mit seiner besonders bemerkenswerten perspektivischen Raumillusion.

drei Bildfelder, wo Mantegna den Szenen bewußt eine unterschiedliche perspektivische Tiefe verliehen hat. Die Personen im Vordergrund drängen sich auf engem Raum, da sie von unten betrachtet werden sollen. Ihre Volumina vergrößern sich demnach aufgrund der natürlichen perspektivischen Verkürzung, wobei Mantegna die Komposition auf der deutlichen Zunahme dieser Volumina und durch die Gegenüberstellung großer Massen aufbaut. Auch die hellen Landschaften im Hintergrund sind ein Ergebnis dieser scheinbaren Nicht-Perspektive. So erscheinen an der Westwand, der sogenannten *Parete dell'Incontro*, antike Bauten, die im Vergleich zu ihrer realen Entfernung nicht maßstabsgerecht sind, aufgrund ihrer formalen Größe und Bedeutung jedoch stark vergrößert wirken, damit sie vom Betrachter gut erfaßt werden, wie die Statue auf dem großen Altar im rechten Bildfeld deutlich macht. Dieser kolossalen Figur liegt ebenfalls eine Betrachtungsweise zugrunde, die nicht von mathematischen Voraussetzungen ausgeht, wie sie sich etwa Piero della Francesca mit großer Meisterschaft zu eigen gemacht hat. Manteg-

Putten, die eine Tafel tragen (Detail).

Das Selbstbildnis* A. Mantegnas, *das traditionsgemäß im Zentrum dieses Ausschnitts erkannt wird.

na geht einen alternativen Weg, der nicht mit der in der Renaissance gelehrten Perspektive kontrastiert, sondern im Gegenteil das Studium der gleichen Mechanismen offenbart, nur aus einem anderen Blickwinkel heraus. Der Künstler gelangt hier zu einem Konzept, das dann im Cinquecento und in späteren Jahrhunderten zu Lösungen in der malerischen Darstellung führt, die nicht nur streng "mathematisch" ist, sondern auch die Tongebung miteinbezieht.

Die Szene an der Wand, in der sich in der Mitte eine Tür öfffnet, spielt sich in einem Außenraum ab; im Vordergrund rechts, neben dem Pfeiler und der Tür, der *Markgraf Ludovico* mit seinem Sohn, *Kardinal Francesco*, während die im äußersten rechten Bildteil isoliert stehenden Personen im Gespräch *König Christian I. von Dänemark, Kaiser Friedrich III.* und *Prinz Federico*, den späteren Markgrafen von Mantua, darstellen. Links erscheinen Höflinge, ferner *Hunde* und *Pferde*, am Hof der Gonzaga besonders bevorzugte Tiere. Die Inschrift über der Tür mit einer Widmung an das Werk, das von Mantegna selbst als "fein" bezeichnet wurde, wird von anmutigen Putten getragen, die auch oben am Rundfenster keck über die Brüstung schauen. In der Figur hinter dem Markgrafen Ludovico wollen einige Kunsthistorisker ein *Selbstbildnis* Mantegnas erkannt haben.

An der Nordwand, über dem Kamin, sind der Markgraf *Ludovico Gonzaga* und seine Gemahlin *Barbara* (nahebei steht eine *Liliputanerin*) porträtiert, umgeben von Familienmitgliedern und Höflingen, die den Inhalt eines Briefes studieren. Im Hintergrund wunderschöne Drapierungen mit vergoldetem Rankenwerk, oben blauer Himmel mit dahinziehenden Wolken und Früchtekränzen. Im Mittelfeld, hinter dem sitzenden Markgrafenpaar, steht eine

Ornamentales Detail eines Frieses.

mit farbigen Intarsien verzierte, marmorne Gedächtniskapelle, die oben mit antiken Stirnziegeln abschließt; die Dekoration steht in engem Zusammenhang mit den Ornamenten, die Leon Battista Alberti am Tempelchen der Rucellai-Kapelle in Florenz verwendete. Ein Zeichen dafür, daß zwischen Mantegna und Alberti ein lebendiger Gedankenaustausch stattfand.

Wohnung des Herzogs Ludovico II. und der Isabella d'Este

Man betritt nun die Zimmerflucht, die Ludovico II. (er regierte von 1444 bis 1478) als Residenz für sich und seine Gemahlin Barbara von Brandenburg ab 1459 erneuern ließ, als der Markgraf begann, das Schloß radikal umzubauen. Diese Räume wurden später auch von Isabella d'Este, der Gemahlin des Markgrafen Francesco II. (von 1484 bis 1519 Signore der Stadt), bis 1523 bewohnt, als die Markgräfin in die "Corte Vecchia" umzog, wo sie sich eine neue Wohnung einrichten ließ.

In der *Sala dei Soli* (der Name rührt von der Deckendekoration her) ist von der Einrichtung des 15. Jahrhunderts nur der schöne Kamin im Stil Fancellis und Mantegnas erhalten, da der Raum später von Giulio Romano und anschließend von Bertani umgestaltet wurde. Durch die *Sala delle Conchiglie* (oder *Sala delle Cappe*) mit Meeresdekorationen und Grotesken des ausgehenden 16. Jahrhunderts gelangt man über eine absteigende Rampe zur *Grotta di Isabella*, ein kostbar gestaltetes Arbeitszimmer, das zwischen 1490, als der Markgraf seinen Einzug in der Stadt hielt, und 1507 eingerichtet wurde. Beachtung verdient die wunderschöne vergoldete, holzgeschnitzte Decke (1506-1508) mit Episoden aus dem Leben der Markgräfin.

Man geht zur *Sala delle Armi* zurück, die nach den *Waffen* benannt ist, mit denen Giulio Romano 1531 die Wände bemalte. Der Raum grenzt an die *Privatkapelle* Herzog Guglielmos, die Bertani aus einem vorhandenen Raum geschaffen hatte (von daher der asymmetrische Grundriß).

Neue Gemächer der Isabella d'Este in der "Corte Vecchia"

Geht man den *Corridoio del Bertani* zurück, der das Castello und die Corte Nuova mit der Corte Vecchia verbindet, hat man im Erdgeschoß Zutritt zur Wohnung der Isabella, wo die Markgräfin 1519 ihr Mobiliar und ihre Sekretäre überstellen ließ. Die Zimmer gruppieren sich um den 1522 fertiggestellten rechteckigen *Geheimgarten*, umgeben von einer hohen Rückwand sowie freistehenden Säulen und Wandsäulen, die im Norden in Abständen mit Nischen (früher mit Statuen) ausgestattet sind; im Fries verläuft eine lateinische Inschrift mit folgendem Wortlaut: "Erbaut von Isabelle d'Este, Nichte der Könige von Aragon, Tochter und Schwester der Herzöge von Ferrara, Gemahlin und Mutter der Herzöge von Mantua Anno 1522 nach Christus". Wasserspiele und Fresken rundeten die Ausstattung dieses kleinen privaten Hofes ab, dessen ionische Säulen mit Gebälk und nach Vitruv'schen Regeln gebauten Sockeln lange Zeit Giovan Battista Bertani zugeschrieben wurden, der sich eingehend mit den Formen der ionischen Ordnung befaßt hatte. Die Entdeckung der Friesinschrift mit dem Datum "1522" ließ jedoch vermuten, daß es sich um einen vor der Ankunft von Giulio Romano in Mantua entstandenen Entwurf von Giovan Battista Covo handelte, einem Künstler, der am Hof der Gonzaga eine wichtige Rolle spielte, später Gehilfe Giulios im Dom San Pietro und mit Sicherheit an den Arbeiten in diesem Palastflügel beteiligt war (die Frage ist nur, ob Covo, der in Urkunden immer als "Bauleiter" bezeichnet wird, tatsächlich in der Lage war, diese wunderschöne ionische Ordnung zu verwirklichen, die so kompliziert und unklar war, daß Bertani Jahre später um die Verfassung einer Abhandlung gebeten wurde). Möglicherweise wurde die Inschrift auch erst nach jenem Jahr "1522" angebracht, da für die Ausführung dieser Sockel gute theoretische Baukenntnisse erforderlich waren, womit eine ähnliche Diskussion entstand wie im Zusammenhang mit den Studien Bertanis über sein eigenes Wohnhaus.

Detail einer ionischen Säule im Hof der neuen Gemächer der Isabella d'Este.

Sala della Scalcheria oder Sala del Leonbruno

Der Saal, auch *Camera Grande* oder *Scalcheria* genannt, ist mit Jagdszenen ausgeschmückt, die von 1520 bis 1523 von Lorenzo Leonbruno ausgeführt wurden.

Die Lünetten malte er mit Landschaften aus, während das zentrale Deckentondo, das mit den herabblickenden Figuren an die Camera degli Sposi von Mantegna erinnert, von Medaillen und Grotesken umgeben ist. In diesem Raum befand sich einst eine antike Büste der *Faustina* (Nr. 6749), die nach Meinung einiger Kunstkritiker Mantegna gehörte, der sie dann an Isabella verkauft haben soll; heute hält man die Büste eher für ein "mittelmäßiges Werk", für das die Markgräfin dem Maler den bekanntlich sehr hohen Preis sicher nicht bezahlt hat.

Studiolo

Es handelt sich um ein kleines, an Renaissancehöfen typisches Privatgemach mit wunderschöner holgeschnitzter und vergoldeter Decke, das zur gleichen Zeit wie die benachbarte (1933 wiederhergestellte) "Grotta" ausgeführt wurde; die Holzverkleidung der Wände wird durch extrem flache Säulen mit verziertem Schaft gegliedert, wie es dem Geschmack des 15. Jahrhunderts entsprach. Die Zwischenräume der Säulen enthielten einst Gemälde von Mantegna, Lorenzo Costa il Vecchio und Perugino, die sich heute alle im Louvre befinden. Die wertvolle Raumausstattung wurde durch die Majolikafliesen des Fußbodens noch hervorgehoben (einige dieser Fliesen sind in einer Vitrine im angrenzenden Gang ausgestellt). Zu dem kostbaren Mobiliar, das die Markgräfin hier aufstellen ließ, gehörten Marmortischchen, Elfenbeinstühle, Gegenstände aus Alabaster und antike Skulpturen.

La Grotta

Durch ein von Giancristoforo Romano oder von Tullio Lombardo geschaffenes skulptiertes Marmorportal (mit schönen Tondi) betritt man die sogenannte Grotta, deren kostbare Ausstattung kaum noch zu übertreffen war. Der Raum inspiriert sich am Vorbild der "Grotta", die zuvor im Auftrag der Markgräfin im Castello di San Giorgio eingerichtet worden war, mit erhöhtem, pavillonartigem Tonnengewölbe und Kassetten und wunderschöner Holztäfelung an den

Neue Gemächer der Isabella d'Este: die Decke im Studiolo.

Eingang zur "Grotta".

Wänden. Die Paneele zeigen architektonische Veduten, Wappensprüche aus der Zeit Isabellas, Musikinstrumente sowie die Noten des Liedes "*prenez sur moi*" und das Motto "*nec spe nec metu*" (ohne Furcht und Hoffnung), ferner verschiedene Symbole wie die Ziffer XVII, Alpha und Omega, Spielkarten und einen Leuchter mit nicht angezündeter Kerze. Nur sechs dieser Paneele, die 1506 von den Brüdern Mola geschaffen wurden, sind original, von denen zwei Stadtlandschaften des 15. Jahrhunderts mit Genreszenen (Fischer, Fährmänner) darstellen. Aus dem Jahr 1522 stammt hingegen die goldblaue Spitzgewölbedecke. Die vertäfelten Schränke und Nischen enthielten rund eintausendsechshundert antike Raritäten und Wertgegenstände aus der Privatsammlung der Markgräfin.

Von hier erreicht man die Piazza di Santa Barbara, wo die gleichnamige Basilika steht. Durch den *Corridoio del Bertani* (oder Corridoio di Santa Barbara) gelangt man zu einem kleinen Platz, der 1582 von Bernardino Facciotto und 1720 noch einmal von Paolo Pozzo angelegt wurde.

Basilica Palatina di Santa Barbara

Im Rahmen des Baus verschiedener Kapellen für den Palazzo Ducale Mitte des 16. Jahrhunderts existieren Berichte über die Fertigstellung einer Kapelle neben der herzoglichen Wohnung im Castello di San Giorgio durch Bertani im Juli 1561, (sog. Cappella del Bertani); und wenige Monate später ist von den Arbeiten des wesentlich umfangreicheren Komplexes Santa Barbara die Rede, der als Palastkirche für Gottesdienste im Rahmen des Hofzeremoniells und für hochstehende Persönlichkeiten dienen sollte. Damals wurde dieser Trakt von der kleinen Kirche Santa Croce, einer Reihe von Wohnhäusern und Räumen eingenommen, die, wie dies an den Höfen der zweiten Hälfte des Cinquecento typisch war, für Ballspiele benutzt wurden. Die erste Bauphase der Basilika Santa Barbara, in der es nicht selten zu starken Spannungen zwischen Herzog Guglielmo und dem Architekten kam, schloß 1567 mit der Errichtung des Glockenturms ab. 1569 begann eine neue Phase der Bauarbeiten, die eine Verlängerung der bereits bestehenden Kirche vorsahen, insofern als die auf der Grundlage eines griechischen Kreuzes geplante Kirche nach den neuen Bestimmungen des Trienter Konzils, die das Langhaus vorschrieben, nicht mehr angemessen war. Man betritt den Komplex durch ein elegantes Baldachinportal mit drei Lisenenbögen, dessen rhythmischer Verlauf sich auch an den Seiten fortsetzt und so eine Art durchgehende horizontale Ansicht entstehen läßt. Links erhebt sich der freistehende und zugleich in diesen "Portikus" einbezogene Kampanile mit einer Bekrönung in Form einer runden Ädikula. Der Standort des Kampanile, der nicht unmittelbar an den Baukörper der Kirche grenzt, veranlaßte einige Kunsthistoriker zu der Annahme, daß sich Bertani irgendwie am Beispiel der von Antonio da Sangallo il Vecchio geschaffenen Kirche San Biagio in Montepulciano inspiriert hat und daß auch für die Basilika in Mantua möglicherweise ursprünglich links ein Zwillingsturm vorgesehen war. Das außergewöhnliche Innere des Gebäudes rührt von dem später angebauten, erhöhten Presbyterium her, das durch ein Gitter des 18. Jahrhunderts abgetrennt wird. Dieser Anbau, motiviert durch Auflagen der Gegenreformation, führte zu einer völligen Umkehrung der Raumkomposition der ursprünglichen Kirche, die vier symmetrische Seiten mit großer zentraler Kuppel aufwies. Die heutige Kirche ist mit einer zweiten Kuppel am Ende des Kirchenschiffes ausgestattet, unter der sich der Hochaltar befindet und auch die Katafalke der Herzöge aufgestellt wurden. Die um 1572 gebauten Seitenaltäre zeigen Werke von Künstlern aus Mantua, insbesondere von Lorenzo Costa il Giovane, wie zum Beispiel rechts die *Taufe Konstantins* und links das *Martyrium des hl. Hadrian.* Aus der Reihe der weniger bekannten Altäre sind erwähnenswert: *Die Schlüsselübergabe* von Luigi Costa und die Darstellung der *Magdalena* von Andreasino; in der Apsis das *Martyrium der hl. Barbara* von Domenico Brusasorci (1516-1567).

Bertani wird fast sicher auch der Flügel mit dem Pfarrhaus von Santa Barbara zugeschrieben (der ursprüngliche Entwurf sah zwei weitere Flügel vor); die Pläne stammen aus dem Jahr 1575, die Arbeiten kamen jedoch erst nach der Pest, von der Mantua 1587 heimgesucht wurde, durch Pompeo Pedemonte zur Ausführung.

Schöne Aufnahme der eleganten Fassade der Basilica Palatina di Santa Barbara. Man betritt die in harmonischen Architekturformen des 16. Jahrhunderts gehaltene Kirche durch einen von drei Bogen und Lisenen gegliederten Pronaos.

Basilika Sant'Andrea

Dom
(Piazza Sordello)

Rotonda di San Lorenzo und Basilika Sant'Andrea

Teatro Scientifico

Fischhalle

DOM ODER KATHEDRALE SAN PIETRO

(Piazza Sordello)

1549 wurde Giovan Battista Bertani zum "Oberaufseher der herzoglichen Bauhütten" ernannt, um den Wiederaufbau des Domes von Mantua zu leiten. Die Arbeiten des Neubaus waren (unter Mithilfe des Bauleiters Battista Covo) von Giulio Romano geplant und begonnen worden. Romano starb vor Vollendung des Gebäudes, hatte jedoch ein

Gesamtansicht des Domes San Pietro (die Fassade stammt aus dem Jahr 1756).

Schöne Innenansicht des Domes San Pietro.
unten: ***Säulenfolge im Dom (Detail).***

Holzmodell für die Verwirklichung des Bauwerks hinterlassen. Die Übernahme der Arbeiten durch Bertani, die nach eigenen Angaben nicht einfach war, betraf hauptsächlich die Fertigstellung des Querschiffes und des Chors, die Anlage der Stützpfeiler für die Sängerkanzeln nach dem Vorbild von antiken Säulen, die der Architekt in Rom gesehen hatte, wie auch den Bau einer neuen Fassade im Jahre 1551, die im übrigen nie fertiggestellt wurde und eine frühere spätgotische Fassade der Dalle Masegne ersetzte, nachdem auch Gerolamo Genga, der 1548 an den Hof der Gonzaga von Mantua gerufen worden war, eine Modernisierung vorgeschlagen hatte. Es ist auch nicht ausgeschlossen, daß Bertani zur Ausführung schritt, ohne das Modell Romanos zu berücksichtigen, vor allem was die Kuppel und die Stützpfeiler betrifft.

Die heutige Fassade aus Carrara-Marmor wurde zwischen 1756 und 1761 von dem römischen Architekten Nicolò Baschiera in einem Stil gestaltet, bei dem der aufkommende klassizistische Purismus sich an manieristische Vorbilder der zweiten Hälfte des Cinquecento und des Barock anlehn-

Dom San Pietro: Detail der Wimperge an der Seitenwand.

te. So wird der zentrale Körper durch eine mächtige (doppelstöckige) Ordnung mit korinthischen Lisenen gegliedert, und während der große freistehende Dreieckgiebel, mit dem die Fassade oben abschließt, über dem Mittelteil eine typisch manieristische Vorkragung aufweist, wirkt der breite Dachvorsprung eher barock. Die seitlichen Fassaden an den niedrigeren Kirchenschiffen mit geradliniger Struktur und krönenden Statuen (Werke von Giovanni Angelo Finali und Giuseppe Tivani, 1752-56) inspirieren sich deutlich an klassischen Vorbildern, aber auch an den großen Bauwerken des römisch-barocken Klassizismus. Die Seitenansicht ist völlig anders als die Fassade und erinnert mit ihren spitzen Wimpergen an Formen des spätgotischen Stils, den die Venezianer Pierpaolo und Iacobello Dalle Masegne von 1395 bis 1401 auch der Fassade verliehen hatten, die dann aber im 16. Jahrhundert erneuert wurde. Davon zeugt auch ein bekanntes Gemälde von Domenico Morone im Palazzo Ducale (*Die Vertreibung der Bonacolsi durch die Gonzaga*, ein signiertes und datiertes Werk aus dem Jahr 1494 in der Sala

Das Martyrium der Hl. Agatha
(Lorenzo Costa).

di Sant'Alberto). Bei diesen Wimpergen handelt es sich jedoch weniger um mittelalterliche Zeugnisse als um Nachahmungen des 19. Jahrhunderts.

Die im Mittelalter (11. Jahrhundert) entstandene Kathedrale wurde mehrmals neu errichtet. An der rechten Flanke sind noch Mauerreste der gotischen Kapellen zu sehen. Der Kampanile ist sogar romanischen Ursprungs. Das Innere wurde infolge eines verheerenden Brandes im Jahre 1545 vollkommen erneuert, zunächst nach einem Entwurf von Giulio Romano, der aber im Jahr darauf verstarb, und dann von Bertani. Es handelt sich um eine Basilika über lateinischem Kreuz, die im Bereich des Presbyteriums von einer großen Kuppel auf achteckigem Tambour gekrönt wird. Das Innere ist fünfschiffig, wobei das Mittelschiff wie in den frühchristlichen Basiliken erhöht ist. Romano knüpft hier unmittelbar an die Spätantike an. Das Hauptschiff wird von den Seitenschiffen durch prächtige korinthische Säulen mit Bögen und geradlinigem Gebälk abgetrennt und besizt eine Kassettendecke, wogegen die mittleren Schiffe antik anmutende Tonnengewölbe aufweisen; die Außenschiffe haben Flachdecken, deren virtuose und vielseitige Gestaltung wiederum an paläochristliche Basiliken in Rom erinnern. An den Seitenwänden reihen sich Kapellen aneinander, die von Bertani und Antonio Maria Viani gebaut wurden. Die Kapellen enthalten beachtenswerte Kunstwerke; in der ersten Kapelle rechts ein Gemälde mit dem *Wunder des hl. Ägidius* aus der Schule des Guercino (17. Jh.), und ein elegantes Gitter (18. Jh.) vor der Kapelle; an der Außenwand steht ein schöner frühchristlicher Sarkophag des 4.-5. Jahrhunderts aus dem Antiquitätenschatz, den Mantua bereits Anfang des 16. Jahrhunderts besaß. In der zweiten Kapelle befinden sich ein marmorner Altarvorsatz (Antependium) aus dem 14. Jahrhundert und eine Altartafel mit einer *Kreuzigung* des 17. Jahrhunderts. Die vierte Kapelle, sog. *Taufkapelle*, liegt unter dem Sockel des Glockenturms und weist Spuren von Fresken des 14. Jahrhunderts mit einer *Kreuzigung* sowie Darstellungen der *Evangelisten* auf. Im rechten Querschiffarm befinden sich Fresken des ausgehenden 16. und beginnenden 17. Jahrhunderts von Ippolito Andreasi, Andreasino genannt, und von Teodoro Ghisi, mit dem *Konzil von Mantua von 1459*; ferner weitere Darstellungen im Gewölbe (Oranten). Auf den Altären Gemälde vom Ende des Cinquecento.

Die Kuppelfresken, die das *Paradies* verherrlichen, stammen ebenfalls von Andreasino, während der Chor zwei Gemälde des 16. Jahrhunderts enthält: links neben dem Altar die *Vision des hl. Evangelisten Johannes* von Gerolamo Mazzola Bedoli (1500-1569), und in der Apsisnische ein Fresko mit einem *Erlösungsthema* von Domenico Fetti, das aber in jüngster Zeit Antonio Maria Viani zugeschrieben wird. Am Ende des linken Querschiffes, wo weitere Fresken von Andreasino und Ghisi sowie Gemälde von Felice Campi (18. Jh.) zu sehen sind, betritt man die *Kapelle des Allerheiligsten*, die in der zweiten Hälfte des 17. Jahrhunderts nach einem Entwurf von Alfonso Moscatelli gebaut wurde, der sich an der Kirche Sant'Orsola von Viani inspirierte. Dieser Raum mit oktogonalem Grundriß wird von einer Kuppel gekrönt, deren Ausgestaltung im Jahre 1784 von Felice Campi und Leandro Marconi auf der Grundlage eines ikonographischen Konzeptes von Paolo Pozzo durchgeführt wurde. Die Kapelle enthält Säulen, Lisenen und feinskulptierte Steinbögen, die den im 15. und 16. Jahrhundert tätigen Künstlern Pietro und Tullio Lombardo zugeschrieben werden (von diesen Künstlern stammt vermutlich auch ein Relief des *Philoktet*, das im Appartamento di Guastalla im Palazzo Ducale bewahrt wird). An den Wänden befinden sich Gemälde, von denen Vasari zwei als Werke veronesischer Künstler des 16. Jahrhunderts erwähnt: *Hl. Margerethe* von Domenico Brusasorci und *Hl. Martin* von Paolo Farinati. Im linken Schiff öffnet sich der Korridor, der zur *Cappella dell'Incoronata* (oder *Cappella dei Voti*) führt, die um 1480 im Auftrag des Markgrafen Ludovico II. Gonzaga und wahrscheinlich nach einem Entwurf von Luca Fancelli gebaut wurde; man nimmt an, daß sie früher mit der angrenzenden Sakristei einen einzigen T-förmigen Raum bildete, die vom architektonischen Standpunkt aus, vor den im vorigen Jahrhundert vorgenommenen Umbauten mit der Öffnung verschiedener kleinerer Räume, deutlich florentinischen Charakter haben. An den Wänden Fresken von Andreasino und Ghisi.

Die benachbarte *Sakristei*, die anfangs Bestandteil der größeren Kapelle war, zeigt am Gewölbe Blattvoluten und Medaillons aus der Schule des Mantegna mit Bezug auf die *Mysterien der Hl. Jungfrau*. An den Wänden Fresken aus der Schule von Giulio Romano und ein Gemälde mit der *Magdalena* von Battista del Moro, einem Künstler, den auch Vasari im

Hinter dem Dom liegt der hübsche Hof des Rigoletto-Hauses.

Zusammenhang mit Fermo Ghisoni erwähnt.

Im kleinen linken Schiff befindet sich in der dritten Kapelle eine Altartafel mit der *Hl. Lucia*, ebenfalls von Ghisoni, und in der zweiten ein Gemälde mit der *Hl. Speciosa* von Gerolamo Mazzola Bedoli. Die Dekoration zwischen den Kapellen mit Stuckfiguren des 16. Jahrhunderts stammt aus der Schule von Giulio Romano.

TORRE DELLA GABBIA UND PALAZZO ACERBI ODER PALAZZO GUERRIERI

Dieser Turm, steht auf der nahelegenen Via Cavour, überragt aber die Südseite der Piazza Sordello. Das über fünfzig Meter hohe Gebäude stammt aus dem 14. Jahrhundert und wurde im Laufe der Zeit mehrmals restauriert. 1576 brachte man etwa auf halber Höhe einen eisernen Käfig an, in dem man die Verbrecher in aller Öffentlichkeit bloßstellte; damit wurde einem Kollektivbewußsein und vor allem der im 19. Jahrhundert herrschenden Vorliebe für bestimmte Aspekte einer grausamen Vergangenheit entsprochen.

An der Südecke der Piazza Sordello, zwischen der Torre della Gabbia und dem Voltone di San Pietro, steht der mittelalterliche Palazzo Acerbi (oder Palazzo Guerrieri). Der herrliche Zinnenkranz, wie auch der an den umstehenden Palästen, ist das Ergebnis einer Restaurierung aus dem 19. Jahrhundert, bei der man dem Platz sein mittelalterliches Aussehen zurückgeben wollte. Der Palast weist auch zur Via Cavour mit einer Erweiterung aus dem 15. Jahrhundert, während im Innenhof, der in der Renaissance erneuert wurde, Reste von Fresken des 14. Jahrhunderts zu sehen sind. Interessant war auch die ebenfalls im 14. Jahrhundert mit Fresken ausgemalte Familienkapelle, die jedoch im Verlauf des 19. Jahrhunderts abgetragen wurde.

Die Torre della Gabbia aus dem 14. Jh. erhebt sich über dem Zinnenkranz des Palazzo Acerbi. Im Hintergrund beherrscht die Kuppel der Basilika Sant'Andrea das Stadtbild.

Detailaufnahme des Käfigs an dem nach ihm benannten Turm.

STADTZENTRUM

Auf dem Gelände, das bis zum 12. Jahrhundert vor der Stadtmauer lag und von Feldern und Gemüsegärten eingenommen wurde, entstand um 1190 ein neues Stadtzentrum, das von vier Seen umgeben war. Zunächst nahm man eine rigorose Regulierung des Mincio-Flusses vor, die dann zur Anlage der vier Seen (heute *Lago Inferiore*, *Lago di Mezzo* und *Lago Superiore*, sowie der heute trockengelegte Lago Paiolo im Süden) führte. Somit glich Mantua einer großen Flußinsel, die auf allen Seiten durch Seen und Befestigungsanlagen geschützt war.

ACCADEMIA VIRGILIANA

(Via Accademia - Piazza Dante)

Das Gebäude, in dem heute die Accademia Nazionale Virgiliana untergebracht ist, wurde auf Initiative der Kaiserin Maria Theresia von Habsburg zwischen 1771 und 1775 von Giuseppe Piermarini (1734-1808) gebaut. Der

Die elegante Fassade der Accademia Virgiliana.

Architekt legte besonderen Wert auf eine monumentale klassizistische Fassade an der Via dell'Accademia, indem er eine das Erhabene betonende Kolossalordnung mit korinthischen Lisenen (wenig vorkragende Wandpfeiler, die vom Erdboden ohne Unterbrechung bis fast zum Dach reichen) verwendete und das Gebäude mit einem Gebälk und beschrifteten Fries (der jedoch erst 1891 angefügt wurde) und breiter Dachbekrönung ausstattete. Der Palast stellt somit ein bezeichnendes Beispiel für die Anpassung an die neuen Richtlinien des Mailänder Klassizismus dar, der in Mantua durch einen namhaften Architekten wie Giuseppe Piermarini eingeführt wurde, und wird damit vorbildlich für die rege private und öffentliche Bautätigkeit im Zusammenhang mit der ersten Periode der österreichischen Herrschaft (1707-97); eine Zeit, in der man nach den jüngsten Ereignissen am Hof der Gonzaga und nach den Erbfolgekriegen versuchte, der Stadt als einem Eckpfeiler der italienischen Kultur und der guten Wiener Regierung ihren alten Glanz zurückzugeben.

Teatro Scientifico

Im Akademiegebäude, das in seiner allgemeinen Anlage etwa auf das 16. Jahrhundert zurückgeht, als die "Accademia degli Invaghiti" gegründet wurde, ist neben einer interessanten akademischen Bibliothek (mit Werken Vergils) auch das Teatro Scientifico, ein bemerkenswertes Beispiel barocker Theaterbaukunst, untergebracht. Es wurde von 1767 bis 1769 von Antonio Galli Bibie-

Teatro Scientifico: Teilansicht des schönen Innenraums.

Die Fassade des Teatro Scientifico.

Arco dell'Arengario.

na (1700-1774) gebaut und dann im Zuge der Renovierung des gesamten Komplexes von Giuseppe Piermarini in die Akademie einbezogen. Der Theaterraum beruht auf einem außergewöhnlichen glockenförmigen Grundriß mit vier übereinander gestellten Logen und einer festen Bühne, deren Wände Bibiena mit einfarbigen, helldunklen Tafeln verkleidete, auf denen Hirtenszenen dargestellt sind. Im Obergeschoß befindet sich ein rechteckiger Saal, den der Veroneser Paolo Pozzo (1741-1803) schuf und der mit Stukkaturen und Porträts österreichischer Kaiser geschmückt ist (1770). Im Jahre 1769 trat der junge Mozart in diesem Theater auf. In einiger Entfernung erkennt man rechts die Torre degli Zuccari, einen typischen adligen Wohnturm des Mittelalters.

ARCO DELL'ARENGARIO UND PALAZZO DEL MASSARO

(Piazza Broletto)

Hinter dem Gebäude, in dem das Museo Tazio Nuvolari (Piazza Broletto Nr. 9) untergebracht ist, erhebt sich der Voltone dell'Arengario, dessen ursprüngliche Anlage auf Anfang 14. Jahrhundert zurückgeht und der den Palazzo del Podestà mit dem Palazzo del Massaro verband, wo der Stadtkämmerer wohnte. Der Bogen, dessen Front durch zwei Triforien im unteren Bereich und eine Loggia in der oberen Zone gegliedert wird, erfuhr im Laufe der Jahrhunderte gründliche Veränderungen. Sein heutiges Aussehen verdankt er einem radikalen Neubau in neuromanischen Formen. Beachtenswert sind die Fresken mit der Darstellung einer *Perspektivischen Ansicht der Stadt Mantua* in den Erdgeschoßräumen des Palazzo del Massaro (1432-44), die auch mit Wappenbildern des Markgrafen Gianfrancesco Gonzaga geschmückt sind.

PALAZZO DEL PODESTÀ ODER PALAZZO DEL BROLETTO

Mit dem Bau des Palazzo del Podestà wurde 1227 im Auftrag des damaligen Stadtvogts Loderengo Martinengo begonnen. 1413 beschädigte ein Brand das Gebäude, das später noch mehrmals von den Gonzaga restauriert und nach 1462 von Luca Fancelli verändert worden ist. Der Palazzo setzt sich aus zwei nebeneinander liegenden Baukörpern zusammen; einer weist zur Piazza Broletto mit dem Stadtturm, der andere zur Piazza delle Erbe. Ursprünglich bestand letzterer Trakt aus zwei symmetrischen Türmen, von denen jedoch nur der an der Straße gelegene erhalten ist, während der andere im Südosten von den Andreani Anfang des 20. Jahrhunderts geschleift wurde. Die an dem Gebäude vorgenommenen Restaurierungen, insbesondere die in neuromanischem Stil, dienten der Vereinheitlichung der Fassadenfront, vor allem am Zinnenkranz, der später oben zugemauert wurde.

Palazzo del Podestà:* *das Detail zeigt die Kopie der Statue Vergils auf dem Lehrstuhl.

Der Sockel des Stadtturmes weist unten ein Volumen mit Marmorverkleidung in manieristischem Stil aus der zweiten Hälfte des 16. Jahrhunderts auf, das einige Kunsthistoriker Bertani zuschreiben und womöglich ein Versuch gewesen ist, den früheren Charakter des Platzes wiederherzustellen. Eine Laube, der sog. Portico dei Lattonai, führt zum Ehrenhof; in der Nähe der Laube, in Richtung Piazza Broletto, steht in einer mittelalterlichen Ädikula eine moderne Kopie der Statue des *Vergil auf dem Lehrstuhl*, deren Original sich im Palazzo Ducale befindet.

Piazza delle Erbe

Die Piazza delle Erbe erreicht man von der nahegelegenen Piazza del Broletto aus über eine Straße, deren Häuser aus dem 12. Jahrhundert stammen und mit Lauben ausgestattet sind (beachtenswert Haus Nr. 55-56, der Palazzo Andreasi mit schönem Backsteingesims des ausgehenden Quattrocento und die Casa della Stadera, wo die Gemeindewaage stand, mit Freskenresten, die möglicherweise von Pordenone Anfang des 16. Jahrhunderts gemalt wurden). Ein Großteil dieser Lauben, von denen einige spätgotische Formen aufweisen, sind den Initiativen der Herzöge Francesco I. (1382-1407) und Gian Francesco Gonzaga (1407-1444) zu verdanken.

Die Piazza delle Erbe ist nach dem Obst- und Gemüsemarkt benannt, der hier seit dem Mittelalter abgehalten wird; es handelt sich um einen schönen Stadtraum, der von Bauwerken verschiedener Epochen gesäumt wird, wie dem Palazzo del Podestà (Hauptfassade an der Piazza Broletto), dem Palazzo della Ragione mit dem Uhrturm, der Rotonda di San Lorenzo und dem Haus des Mailänder Kaufmanns Boniforte mit der benachbarten Torre del Salaro.

Palazzo della Ragione und Torre dell'Orologio

Das Gebäude wird auch "Palazzo Nuovo" genannt, da es 1250 nach dem benachbarten Palazzo del Podestà entstand, mit dem es durch eine Passage verbunden ist. In der Laube aus dem 15. Jahrhundert

Blick auf die Piazza delle Erbe mit der Kuppel von Sant'Andrea und dem Palazzo del Podestà.

Detailaufnahme der Uhr (16. und 19. Jh.)***, die sich am gleichnamigen Turm befindet.***

der hier einen Mechanismus einbaute, bei dem nicht nur die Stunden, sondern auch die Monate und die Position der Sterne angezeigt wurden. Der heutige Turm ist das Ergebnis einer Restaurierung aus dem 19. Jahrhundert. In einer Nische im unteren Teil befindet sich eine Statue der *Unbefleckten Jungfrau Maria* aus dem frühen 17. Jahrhundert; die Turmbekrönung, ein Werk von Antonio Maria Viani, stammt aus dem Jahr 1612.

waren ursprünglich Werkstätten untergebracht. Die heutige Anlage des gesamten Komplexes geht auf Luca Fancelli zurück, der die Fassade des Gebäudes zum Marktplatz hin verlegte und gleichzeitig einige Häuser am Platz renovierte, um ein einheitlicheres Bild zu schaffen. Im Obergeschoß, auch zur Zeit der Gonzaga Sitz der Justizverwaltung, öffnen sich sieben große Triforien, die, ebenso wie die Zinnen, restauriert sind.

Die sieben Fenster erleuchten einen für mittelalterliche öffentliche Gebäude typischen, großen Saal, in dem noch Freskenreste des 13. Jahrhunderts mit *Propheten* und dem *Jüngsten Gericht* zu sehen sind, das Werk eines Malers aus Parma, der mit dem Namen "Grixopoulos" zeichnete. Rechts vom Palast erhebt sich der mächtige Uhrturm, den Luca Fancelli 1473 mit der Beratung von Leon Battista Alberti errichtete; die große Uhr in der Mitte ist eine Arbeit des Mathematikers Bartolomeo Manfredi (auch Bartolomeo dell'Orologio genannt),

ROTONDA DI SAN LORENZO

Rechts des Uhrturms steht auf einer im Vergleich zum Platzniveau tieferen Ebene die Rotonda di San Lorenzo, eine romanische runde Kirche, bei der es sich der Überlieferung nach um die älteste Kirche von Mantua handelt. Sie soll 1082 auf Wunsch der Markgräfin Mathilde von Canossa gebaut worden sein, doch ist auch nicht auszuschließen, daß sie in der ersten Hälfte des darauffolgenden Jahrhunderts entstanden ist. Nachdem die Kirche 1579 für den Gottesdienst geschlossen worden war, wurde sie auf Anordnung des Herzogs Guglielmo Gonzaga teilweise abgetragen und sogar in das benachbarten Gebäude einbezogen. Erst 1908 bis 1926 konnte die ehemalige Kirche wieder ans Licht gebracht werden; damals hat man die fehlenden Bauteile in neuromanischem Stil ergänzt. Das Innere besteht aus einem zentralen Kern, der am Außenbau an der erhöhten Rotunde sichtbar ist und von einem doppelstöckigen ringförmigen Gang umgeben ist, in dessen oberer Zone das Matroneum unterge-

Ansicht der alten Rotonda di San Lorenzo** (11. Jh.), **die im ersten Viertel des 20. Jahrhunderts wiederhergestellt wurde.

bracht war. Diese Empore ruht auf wuchtigen gemauerten Säulen, die ursprünglich verputzt waren, wie auch alle anderen Wände, die offenbar bemalt waren; so hat man jeweils am Gewölbe und links des Altars mit vorgebauten Marmorsäulen Freskenreste des 12. und 13. Jahrhunderts entdeckt, die *Christus als Weltenrichter* und *Engelsfiguren* in byzantinischem Stil darstellen; erhalten sind auch Teile von Lisenen mit Flechtmotiven und Trauben aus frühchristlicher Zeit.

HAUS DES GIOVANNI BONIFORTE DA CONCOREZZO

Das Wohnhaus des reichen Kaufmanns Boniforte da Concorezzo, der mit Luxusgütern handelte, wurde 1455 am äußersten Ende der Piazza Mantegna in der Nähe der Torre del Salaro (14. Jh.) errichtet, wie eine dreisprachige Inschrift - lateinisch, italienisch und mantuanischer Dialekt - besagt. Das neben einem alten Salzturm entstandene Gebäude beherrscht mit den symmetrischen Elementen seiner Fassade die Hauptstraße von Mantua. Die Fassade war ursprünglich viergeschossig aufgebaut, von der Laube im Erdgeschoß bis zu einem Altan im obersten

***Die Fassade des Hauses des Giovanni Boniforte da Concorezzo aus dem** 15. Jh.*

Gebäudeteil. Der Architrav war mit schönen Reliefs der Luxuswaren geschmückt, mit denen der Kaufmann Boniforte handelte. Aufgrund der kostbaren Materialien und der herrlichen Dekorationen konnte sich das Haus mit den benachbarten öffentlichen und privaten Gebäuden durchaus messen; nach Leon Battista Alberti stellte die Laube mit Architrav, wie sie das Boniforte-Haus besaß, vermutlich eine Art Statussymbol dar, durch das sich die Patrizierhäuser von den arkadierten Häusern der normalen Bürger unterschied. Das Gebäude war bereits wenige Jahre nach seiner Entstehung zu einem wichtigen Pol im Panorama der Erneuerung der Baukunst in Mantua nach den Kanons der Renaissancearchitektur und insbesondere Albertis geworden und wurde in Dokumenten der sechziger Jahre des 15. Jahrhunderts sogar häufig als Bezugspunkt für topographische Hinweise erwähnt.

BASILIKA SANT'ANDREA

(Piazza Mantegna)

Die Basilika Sant'Andrea, das größte und somit bedeutendste sakrale Gebäude in Mantua, stellt eine der berühmtesten Kirchen der Renaissancezeit dar, nicht nur wegen

Die monumentale Fassade der Basilika Sant'Andrea, architektonisches Meisterwerk von Leon Battista Alberti, greift das Motiv des römischen Triumphbogens wieder auf. Der mächtige, von einem dreieckigen Tympanon gekrönte Pronaos vor dem Kirchenportal wird von einem großen, unvollendeten Bogen überragt, dessen Bestimmung unbekannt ist.

Seitenansicht der Basilika Sant'Andrea mit dem schlanken Glockenturm.

des namhaften Erbauers, Leon Battista Alberti, sondern auch wegen der formalen Neuerungen, die der Baumeister bei seinem Entwurf zur Anwendung brachte. Die Gründung des Komplexes geht der Überlieferung zufolge auf das 9. Jahrhundert zurück, als ein erstes Gebäude errichtet wurde, in dem die Reliquie des Heiligen Blutes Christi aufbewahrt werden sollte, das von Longino, dem Soldaten, der Christus auf Golgatha verletzt hatte und der nach seiner Bekehrung die vom Blut des Erlösers getränkte Erde aufgenommen hatte, nach Mantua gebracht worden war. Als Longino in Mantua ankam, soll er die Gefäße mit der heiligen Erde versteckt haben; acht Jahrhunderte später (804) hat man die Gefäße wiederentdeckt und den Bau einer Wallfahrtstätte für die Verehrung der heiligen Reliquien veranlaßt. Im Jahre 1037 entstand neben der Kirche ein Benediktinerkloster, aber 1472 hob Papst Sixtus IV. die Prälatur des Klosters auf und übergab Kardinal Francesco Gonzaga die Leitung des neuen Kollegiatkapitels. Im gleichen Jahr begann Luca Fancelli nach Plänen Albertis mit einer umfassenden Renovierung des gesamten alten Gebäudes; dabei wurde das ursprüngliche Kerngebäude verändert, von dem links der 1413 erbaute Glockenturm erhalten ist. Bereits im Jahre 1470 erfolgte bekanntlich zwischen Alberti und dem Markgrafen Ludovico ein Briefwechsel für den Entwurf einer neuen Kirche, von dem ein Modell nach Mantua geschickt wurde. Das Gebäude sollte Albertis Vorstellungen nach ungewöhnlich ("wunderbar") und in der Lage sein, viele Menschen aufzunehmen, und vor allem sollte es sich - so Alberti - an einer völlig neuen Typologie wie dem etruskischen Tempel inspirieren. Als der Architekt 1472 starb, traten sofort Probleme auf, zunächst bei der Aushebung des Fundaments, dann im Zusammenhang mit den Auflagen, die benachbarte Gebäude betrafen; außerdem gab es finanzielle Schwierigkeiten, und 1477 steckte die Baustelle in einer so tiefen Krise, daß Fancelli alle Maurer entlassen mußte, und auch Fancelli behielt die Oberaufsicht der Bauhütte nicht länger als bis 1485. Das Gewölbe über dem Hauptschiff wurde bis Ende 1494 geschlossen, wobei nicht bekannt ist, inwieweit dem Originalentwurf Albertis entsprochen wurde; von 1597 bis 1600 fügte Antonio Maria Viani die Krypta, das Presbyterium und die Querschiffarme hinzu

Der monumentale Baukörper von Sant'Andrea von der Piazza Leon Battista Alberti aus.

(die Gewölbe datieren aus der Zeit zwischen 1697 und 1710); die Kuppel wurde hingegen erst 1732 bis 1782 nach Plänen des Architekten Filippo Juvarra gebaut und später von Paolo Pozzo ausgeschmückt.

Aufgrund der rund dreihundertjährigen Bauzeit vom Entwurf bis zur endgültigen Fertigstellung ist man nicht in der Lage, mit Bestimmtheit zu sagen, wie das Originalmodell Albertis ausgesehen hat. Zweifel bestehen sicher in bezug auf die Lösung der Apsis und des Querschiffs.

Die Fassade, die einem römischen Triumphbogen (etwa dem Janusbogen) gleicht, wirft bereits die erste große Frage bei der Interpretation des Gebäudes auf. Viele Kunsthistoriker vertreten die Meinung, daß die Vorhalle (Pronaos) vor der eigentlichen Fassade keine Idee Albertis ist, wie auch der große ungelöste Bogen über der Fassade beweist, dessen Bestimmung unbekannt ist. Im Inneren dieser Vorhalle, die mit schönen, antik nachempfundenen Tonnengewölben gedeckt ist (die Stuckkassetten wurden jedoch 1832 hinzugefügt), liegt die Eingangstür (16. Jh.) zur Basilika, die sich ebenfalls an klassischen Motiven inspiriert.

Der große monumentale Innenraum mit reicher, farbenprächtiger Ausstattung, der vermutlich auf dem Grundriß eines lateinischen Kreuzes steht, ist einschiffig mit quadratischen Seitenkapellen, die mit kleinen überkuppelten Kapellen abwechseln: ein typisches Schema Albertis, das in der Baukunst des 16. und 17. Jahrhunderts viele Nachahmer fand. Das Kirchen-

Blick in den gewaltigen Innenraum der Basilika Sant'Andrea.

schiff ist mit einem großen kassettierten Tonnengewölbe überdeckt, wie auch die Seitenkapellen Tonnengewölbe tragen. Der ganze Kirchenraum wird von dem durch die große Kuppel einfallenden Licht erleuchtet. Die Dekorationen stammen von Schülern Mantegnas, später im Cinquecento von Gehilfen Giulio Romanos; in klassizistischer Zeit waren Giorgio Anselmi (1723-1797) und verschiedener Künstler der Akademie der Schönen Künste in Mantua (unter der Leitung von Felice Campi) hier tätig; die letzten Arbeiten wurden im 19. Jahrhundert ausgeführt.

Die erste Kapelle rechts ist die Taufkapelle, ein schlichter, schmuckloser Raum, der an den Wänden drei abgelöste Tondi aus dem Vestibül der Basilika aufweist: die Darstellung der *Heiligen Familie* und eine *Kreuzabnahme* von Antonio Allegri, Correggio (1489-1534) genannt, und *Christi Himmelfahrt*, ein Werk von Gehilfen Mantegnas. In der zweiten Kapelle befinden sich Wandfresken mit der Darstellung des *Paradieses*, des *Fegefeuers* und der *Hölle* von Benedetto Pagni (1525-1570), einem Gehilfen von Giulio Romano, wogegen die dritte Kapelle eine Altartafel mit *Maria und Heiligen* aus der lombardischen Schule des ausgehenden 15. Jahrhunderts bewahrt.

Die vierte Kapelle enthält Fresken von Andreasino; die Altardekoration ist eine Arbeit des 16. Jahrhunderts

Kandelaber auf der linken Seite des Eingangsbogens.

mit Darstellungen aus dem *Marienleben.*

In der sechsten Kapelle befindet sich eine Altartafel mit der *Geburt Christi*, eine Kopie des 16. Jahrhunderts nach einem Gemälde von Giulio Romano; die Fresken mit einer *Kreuzigung* und der *Auffindung des Allerheiligsten Blutes Christi* wurden ebenfalls nach Entwürfen Romanos von Rinaldo Mantovano ausgeführt. Seitlich des Altars stehen zwei Sarkophage, in denen die Reliquie Longinos, des Heiligen, der das Blut Christi nach Mantua gebracht hat, und den hl. Gregor von Nazianz bewahrt werden.

Über eine der vier Treppen in den kuppeltragenden Pfeilern steigt man in die Krypta hinab, einen über griechischem Kreuz stehenden dreischiffigen Raum mit tuskanischer Ordnung, der gegen Ende des 16. Jahrhunderts von Antonio Maria Viani gebaut wurde. Im Kreuzgewölbe der Krypta steht ein 1813 errichteter Baldachin mit einem Altar, auf dem sich die Reliquie des Allerheiligsten Blutes in einem mit Bronzereliefs verzierten Schrein befindet. Altäre des 17. Jahrhunderts reihen sich in den Seitenarmen der Krypta aneinander.

Wieder in der Kirche, öffnet sich im rechten Querschiffarm rechterhand eine Kapelle mit einer Reihe von Grabmonumenten, die aus entweihten Kirchen der Stadt stammen. An der Querschiffrückwand befinden sich drei Nischen, von denen die mittlere das *Mausoleum von Giorgio Andreasi* aus dem Jahr 1549 enthält; die seitlichen großen Schränke gehören der Ausstattung der Basilika des 19. Jahrhunderts an. An der linken Querschiffwand liegt die *Kapelle des Allerheiligsten*, die mit zwei Gemälden von Felice Campi geschmückt ist; über dem Altar des 18. Jahrhunderts befindet sich ein Tafelgemälde von Felice Niccolini.

Über dem Kreuzgewölbe wölbt sich die von Juvarra entworfene große Kuppel. Sie ruht auf einem mächtigen Tambour, in dem sich zwölf von korinthischen Lisenen eingerahmte Fenster öffnen; die Kuppel mißt am Scheitelpunkt 80 Meter. Die Ausmalung der Kuppel mit einer Darstellung des *Paradieses* führte Anselmi von 1777 bis 1782 in prunkvoll spätbarockem Stil durch. Im Querschiff unter der Kuppel befindet sich ein achteckiger, klassizistischer Betstuhl für die Anbetung der heiligen Reliquie im Zentralbereich der Krypta.

Den Hochaltar im Presbyterium schuf Paolo Pozzo im Jahre 1803; er fügte an den Seiten zwei bemerkenswerte Marmorreliefs aus der Renaissancezeit ein, als Beweis für den ständigen Standortwechsel der Ausstattung der Basilika. An den Wänden des Presbyteriums stehen die Sängertribünen und die Orgel; in der Apsisnische schuf Anselmi ein Fresko mit dem *Martyrium des hl. Andreas.* Links vom Altar eine beachtenswerte Statue des *Herzogs Guglielmo Gonzaga beim Gebet* (1572).

Der linke Querschiffarm weist in der rechten Kapelle eine Altartafel des Bolognesers Giovan Battista Caccioli aus dem 17. Jahrhundert auf; an der Kopfwand des Transeptes führt ein Ausgang zur Piazza Leon Battista Alberti, die hier nach der Abtragung des ehemaligen Benediktinerklosters angelegt wurde. Auch diesem Eingang ist, ähnlich wie an der Hauptfassade der Basilika, ein Vestibül vorgelagert, das jedoch unvollendet und nach Meinung einiger Kunsthistoriker sogar

Nachtaufnahme der Kuppel von Sant'Andrea von der Piazza delle Erbe aus.

vor dem der Fassade entstanden ist. Oben fallen rechts und links zwei ebenfalls nicht fertiggestellte Voluten auf, die, wahrscheinlich in der Barockzeit, von dem Versuch einer Fassadengliederung auch auf dieser Seite des Gebäudes zeugen.

Wieder im linken Querschiff der Kirche, öffnet sich rechts eine Kapelle, die auch verschiedenartige Grabdenkmäler enthält; bemerkenswert unter anderem in der Mitte das *Mausoleum Andreasi-Gonzaga*, das vielfach für ein Werk von Giulio Romano gehalten wird und sich ebenfalls an einem antiken Triumphbogen inspiriert. Die rechte Wand nimmt das *Mausoleum Strozzi* aus dem Jahr 1529 ein; die weiblichen Stützfiguren (Karyatiden) nach antikem Vorbild lassen wiederum einen Entwurf von Giulio Romano vermuten. An den Wänden Fresken aus dem 17. Jahrhundert.

Auf der linken Seite des basilikalen Raumes erscheint in der (von der Rückwand aus) ersten Kapelle eine Altartafel mit einer *Kreuzigung*, die Fermo Ghisoni, ein Schüler von Giulio Romano, 1556 schuf, während an den Wänden Grabfiguren zu sehen sind. An der Außenwand eine Marmorkanzel mit Reliefs aus dem beginnenden 16. Jahrhundert; in der dritten Kapelle Wandfresken von Lorenzo Costa il Giovane mit Szenen der *Geburt Christi*, wogegen das große Altarbild und die beiden bemalten Holztafeln Giovan Battista Viani zugeschrieben werden (letztere könnten allerdings auch aus früherer Zeit stammen und somit Werke von Andreasino sein). Die vierte, kleine Kapelle ist mit einer Kuppel ausgestattet; in den Zwickeln und am Gewölbe erscheinen Medaillons aus der Schule Mantegnas, die von der Ausgestal-

Basilika Sant'Andrea: Detailaufnahme der Bronzebüste, die Andrea Mantegna darstellt (15.-16. Jh.).

tung des 16. Jahrhunderts kurz nach dem Neubau der Basilika zeugen. In der fünften Kapelle befindet sich ein Gemälde von Lorenzo Costa il Vecchio aus dem Jahr 1525 mit einer *Thronenden Jungfrau Maria*; die sechste und letzte kleine Kapelle enthält das *Grab von Andrea Mantegna*, der hier 1506 unter dem Fußboden beigesetzt wurde. Links neben der Eingangstür befindet sich eine wunderschöne ausdrucksstarke *Bronzebüste Mantegnas* auf einer Porphyrscheibe mit kunstvollem marmornem Arabeskenrahmen, ein Werk, das vermutlich von Mantegna selbst ausgeführt wurde.

An den Wänden Gemälde aus der Schule Mantegnas (*Kreuzabnahme*, *Taufe Jesu* und die *Familie des Täufers*), wie auch die Fresken an den Wänden, in den Zwickeln und in dem kleinen Kuppelhimmel sehr wahrscheinlich nach Kartons von Mantegna ausgeführt wurden und zum Teil dem jungen Correggio zugeschrieben werden. An der Rückwand eine *Heilige Familie*, ebenfalls ein Tafelgemälde aus dem Kreis Mantegnas. Dieser Bereich ist vom künstlerischen Standpunkt aus der interessanteste Teil der gesamten Basilika.

Piazza Marconi

(Corso Umberto I)

Die dreieckige Piazza Marconi liegt an einer der ältesten Straßen der historischen Altstadt, von der auf zwei Seiten noch Reste der Laubengänge aus der Renaissancezeit zu sehen sind.

Das Wohnhaus Nr. 14 weist eine hochinteressante bemalte Fassade des 15. Jahrhunderts auf, über die man nach den jüngsten Restaurierungen (1995) mehr erfahren konnte. Im oberen Teil verläuft ein Puttenfries, und auch die untere Zone enthielt eine Reihe hochwertiger Fresken. Das Gebäude war vermutlich usprünglich

Piazza Marconi: Fassade des Wohnhauses Nr. 14.

Ausschnitt aus dem Fries am Haus Nr. 14 an der Piazza Marconi.

viel größer als heute; das Erdgeschoß ruhte auf Arkaden mit korinthischen Kapitellen, ebenfalls aus dem 15. Jahrhundert, und setzte sich auch seitlich fort, wie Freskenreste an benachbarten Gebäuden beweisen. Die Dekoration mit Putten, Bändern und Rankenwerk unterhalb des Gesimses läßt - wie die Kunstgeschichtler seit einiger Zeit vermuten - auf ein Werk von Andrea Mantegna und seiner Gehilfen schließen, insbesondere Correggio, der bekanntlich in der benachbarten Kirche Sant'Andrea tätig war. Unterhalb des Frieses trat bei jüngeren Restaurierungen eine bisher unbekannte Szene zutage, die einen Herrscher in einem Militärlager mit Zelten, Würdenträgern und gepanzerten Männern darstellt.

LOGGIA DEI MERCANTI UND HANDELSKAMMER

(Via Calvi)

Das Gebäude der Handelskammer wurde 1913 von Aldo Andreani (1887-1971), einem Architekten aus Mantua, in eklektischem Stil erbaut, bei dem Jugendstilemente mit einer historistischen,

Blick auf das Gebäude der sogenannten Loggia dei Mercanti.

insbesondere neumittelalterlichen Formensprache zusammenfließen, die ganz den Stilvorstellungen eines Handelsgebäudes des ausgehenden 19. Jahrhunderts entsprach.

Andreani wollte ein Gebäude mit Loggia im Zeitgeschmack des 14. und 15. Jahrhunderts schaffen, bei dem der "neuromanische" und vor allem "neugotische" Stil zu einer herrlichen Kaskade farbiger und schillernder Dekorationsmotive verschmolzen und auch orientalisierende Elemente, wie sie der Jugendstil anbietet, durchaus denkbar waren.

EHEMALIGES JUDENVIERTEL

(Piazza Concordia - Via Bertani)

Das Judenviertel oder Ghetto wurde bereits Anfang des 17. Jahrhunderts in diesem Teil der Stadt angelegt; das Gebiet war von hohen Mauern und vier großen Arkaden umgeben, die in den Nachtstunden geschlossen wurden. Die Segregation, zu der diese Gemeinde, die seit vielen Jahrhunderten in der Stadt lebte, gezwungen wurde, wie auch der Wohlstand der Juden führten zu einer wesentlichen Veränderung der traditionellen Wohntypologien. Aufgrund der Baudichte entstanden hier hohe Häuser für mehrere Familien, deren wirtschaftlicher Standard sich in mehr oder weniger dekorierten Portalen und Balkonen ausdrückte. Im 19. Jahrhundert und vor allem ab 1904 führte man eine Reihe von Sanierungsprojekten durch, bei denen viele Gebäude und ganze Wohnblocks abgerissen wurden, so daß sich das Gesicht dieses Stadtteils radikal veränderte und von dem ehemaligen Ghetto nur einige bezeichnende Gebäude stehenblieben.

PALAZZO DEL RABBINO

Das Haus des Rabbi ist eines der interessantesten Zeugnisse der Gebäude im ehemaligen Ghetto. Das Ende des 17. Jahrhunderts möglicherweise nach einem Entwurf des Flamen Frans Geffels (von 1635 bis 1699 bekannt und Schöpfer des nahegelegenen Palazzo Sordi) erbaute Wohnhaus zeigt an der Fassade eine Reihe handwerklicher Stucktafeln, darunter eine *Darstellung von Mantua* sowie Wiedergaben von vermutlich biblischen *Idealstädten.* Beachtenswert ist das stattliche Rustikaportal mit diamantartig behauenen Quadern, wie sie auch an den Gebäudeecken und an den Fenstersturzen zu sehen sind.

PALAZZO SORDI

(Via Pomponazzo)

Das Gebäude, das der flämische Architekt Frans Geffels für die Markgrafenfamilie 1680 errichtete, besitzt eine langgestreckte, fein dekorierte Fassade, die sich durch ihre reichhaltige und komplexe Komposition in typischem Barockstil auszeichnet.

Im Inneren beeindruckt die große Ehrentreppe, eine der schönsten Barocktreppen in Mantua, die ebenfalls von Giovan Battista Barberini (1625-1691) mit Putten und Vasen geschmückt wurde. Sehr

Die lebendig gestaltete Fassade des Palazzo Sordi aus dem 17. Jh.

schön ist der Hof mit reichgestalteter Innenfassade am zentralen Baukörper; das große Rundbogenfenster im Obergeschoß wird von zwei riesigen Halbbüsten flankiert, die einen mit Spiralen verzierten prächtigen Fries tragen; das zweite Geschoß ist mit Nischen ausgestattet, die Statuen enthalten.

Im Obergeschoß befinden sich zwei künstlerisch interessante Ehrensäle, die *Sala dell'Età* und die *Sala di Belgrado*, die mit Stuckarbeiten und Fresken geschmückt sind.

KIRCHE SAN MARTINO

Das ursprüngliche mittelalterliche Gebäude, aus dem der Kern der Kirche S. Martino bestand, wurde 1737 vollständig neuerbaut. Damals erhielt die Kirche eine schlichte Fassade, die jedoch durch seitliche Nischen mit *Heiligenfiguren* und durch ein Hochrelief über dem Portal, den *Hl. Martin zu Pferd mit dem Bettler* darstellend, aufgelockert wird. Ein eigenartiger runder Giebel bildet den oberen

Die Fassade der Kirche S. Martino.

Abschluß. Das stuckverzierte Innere birgt zahlreiche Altargemälde, unter anderem rechts vom Chor eine Darstellung der *Mantelteilung* von Ippolito Castagna (1506-1561) und am dritten Altar rechts eine *Madonna mit Kind und Heiligen* aus der Werkstatt des Lorenzo Costa il Vecchio (1450/60-1535).

DER RIO

Zwischen 1188 und 1190 veranlaßte die Gemeinde Mantua im Zuge einer von dem Ingenieur Alberto Pitentino vorgenommenen radikalen Neuanlage der Wasserwege eine beachtliche Ausdehnung des römischen und hochmittelalterlichen Stadtzentrums auf der anderen Seite der heutigen Piazza Sordello. Damals verbreiterte man den Fluß, so daß der heutige Lago Superiore entstand, während gleichzeitig der sog. Rio angelegt wurde, ein Kanal, der den neuen See mit dem östlich gelegenen Lago Inferiore (der ebenfalls durch Verbreiterung des Mincio entstanden ist) verband. Dieser Rio bildete somit eine Art Wassergraben, der die *civitas nova*, die neugegründete Stadt innerhalb des zweiten Mauergürtels, begrenzte.

HAUS DES GIOVAN BATTISTA BERTANI

1554 erwarb der herzogliche Hofarchitekt, der es mit seinen prestigereichen Aufträgen zu einem gewissen wirtschaftlichen

Schöner Blick auf den Rio.

Die Fassade des Hauses von G.B. Bertani.

Detail der Fassade der Kirche Santa Maria della Carità.

Wohlstand gebracht hatte, dieses alte Gebäude für seine eigenen Wohnzwecke. Die Umbauarbeiten waren nach zwei Jahren abgeschlossen. 1558 veröffentlichte Bertani in einer berühmten Abhandlung die Beschreibung einiger Details, die er für sein Haus entworfen hatte, um damit die korrekte Durchführung der ionischen Ordnung zu demonstrieren. Das Gebäude erfuhr in den folgenden Jahrhunderten leider starke Veränderungen; von diesen Umbauten war auch die Fassade betroffen, an der jedoch noch Reste einzigartiger Marmorreliefs erhalten sind, die auf die einstige ionische Bauornamentik hinweisen.

KIRCHE SANTA MARIA DELLA CARITÀ

(Via Massari - Via Filippo Corridoni)

Auf einem umgitterten kleinen Kirchplatz, auf dem man alte Grabsteine und Reliefs aus dem Umland von Mantua zusammengetragen hat, steht die Kirche Santa Maria della Carità, die 1613 an der Stelle eines mittelalterlichen Vorläuferbaus, von dem noch der Kampanile steht, vollkommen neu errichtet wurde. Das Innere bewahrt acht ausgefallene Leinwandgemälde von Giuseppe Bazzani aus dem 18. Jahrhundert mit *Geschichten aus dem Alten und Neuen Testament.*

Beachtenswert am Gewölbe die Tempera-Ovale mit Darstellungen der *Theologischen Tugenden* vom gleichen Künstler; am zweiten Altar links eine Tafel des 16. Jahrhunderts von Domenico Brusasorci mit dem *Martyrium des hl. Blasius* und, amdritten Altar, eine *Madonna mit Kind und Heiligen,* ein Gemälde von Giovanni Canti aus dem 18. Jahrhundert. Im Altarraum befindet sich ein Gemälde mit dem *Erzengel Michael und Heiligen* des Veroneser Künstlers Giovan Francesco Caroto (1480-1555) aus dem 15. Jahrhundert.

FISCHHALLE

(Via Pescherie)

Das derzeitige, den Rio überquerende Gebäude, das möglicherweise anfangs als Fischmarkt diente, entstand ab 1546 neben der am Kanal gelegenen Fleischhalle, die 1536 nach Plänen von Giulio Romano anstelle des ehemaligen Fleischmarktes in der Nähe des Judenviertels errichtet wurde. Der Komplex, der aus zwei im rechten Winkel zueinander stehenden Flügeln gebildet wird (von der Fleischhalle, die 1877 demoliert wurde, sind nur die Pfeiler im Erdgeschoß entlang des Rio erhalten), zeichnete sich von Anfang an durch seine Zweckmäßigkeit und Hygiene aus, da im Inneren des Gebäudes das Wasser des Kanals floß. Erhalten ist noch der über den Rio gebaute Flügel, der eine Art Laubengang mit Rustika-Arkaden und aufgesetzter Attika bildet; in der Attika, in der eine Reihe rechteckiger Fenster verläuft, sind noch Reste von Konsolen im Stil Romanos zu sehen.

Blick auf die Fischhalle aus dem 16. Jh.

Palazzo Valenti Gonzaga (Detail)

Palazzo Valenti Gonzaga

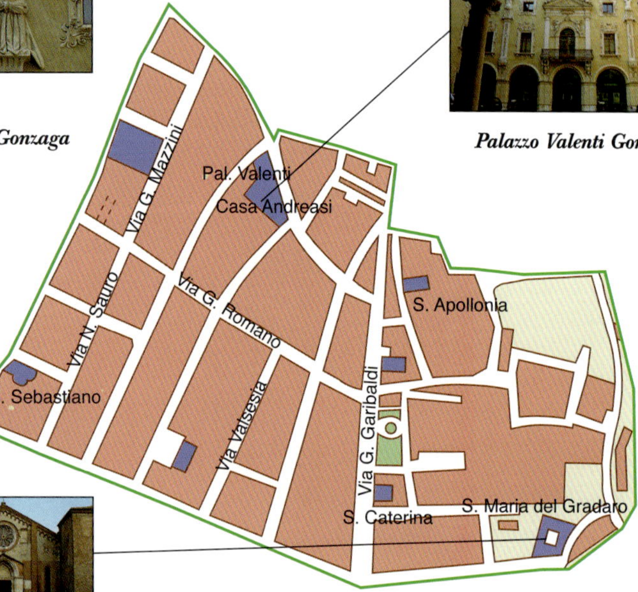

Kirche Santa Maria del Gradaro

SÜDVIERTEL: "ADDIZIONE GIULIESCA"

Die Via Giulio Romano bildet das Rückgrat eines Viertels, das im 16. Jahrhundert völlig neu entstanden und als "Addizione Giuliesca" bekannt ist, da es der Überlieferung nach auf diesem noch unbebauten Areal innerhalb des dritten (im 15. Jahrhundert fertiggestellten) Mauergürtels von Giulio Romano geplant worden war. Es handelt sich um eine Stadterweiterung mit rechtwinklig zueinander verlaufenden Straßen und der Via Mazzini, die einen Knotenpunkt bildete zwischen der mittelalterlichen Stadt und dem neuen Viertel, das sich mit hohen Patrizierhäusern füllte; den Hintergrund bildete die Fleischhalle, die ebenfalls nach Plänen von Giulio Romano am Rio gebaut worden war. Am Ende der Via Mazzini/Ecke Via Matteotti führte die 1925 vorgenommene Demolierung etlicher Gebäude im Stadtgefüge zu einem großen leeren Raum, der zuvor vom Komplex der Kirche San Domenico eingenommen wurde. Die Addizione wurde in nordöstlicher Richtung und zum Lago Inferiore hin vom sogenannten *mittelalterlichen "Tridente"* (einem aus der Via

Benzoni, Via Trieste und Via Gandolfo gebildeten Dreizack) und im Norden durch die Via Frattini und Via XX Settembre begrenzt.

Palazzo Valenti Gonzaga: Ansicht der Fassade vom Innenhof aus (oben)***; Detail der plastischen Dekoration der Lisenen*** (unten).

PALAZZO VALENTI GONZAGA

Der Palazzo Valenti Gonzaga wurde Anfang des 17. Jahrhunderts großenteils erneuert, als Nicolò Sebregondi (1580/90-1652) die reichdekorierte Fassade mit fünf Fensterreihen entwarf, die sich über einem schönen Sockel aus spitz behauenen Marmorquadern erhebt; diese Fassadengestaltung schafft einen schönen farblichen Kontrast und ein interessantes Lichtspiel im Vergleich zu dem oberen Wandabschnitt. Der Hof, an dessen Bau vermutlich auch der flämische Künstler Frans Geffels beteiligt war, weist eine reiche Stuckdekoration von Giovan Battista Barberini (1625-1691) auf, der die Fenster mit Spiralen, Kartuschen, Konsolen und Voluten schmückte. Vom gleichen Künstler ist

auch die prächtige Ausstattung der Säle im Inneren mit Stuckarbeiten und kulissenartigen Fresken.

CASA ANDREASI

Das Gebäude, das einst zum Besitz der angesehenen mantuanischen Familie Andreasi gehörte, stellt ein schönes Beispiel für ein privates Wohnhaus der zweiten Hälfte des 15. Jahrhunderts dar, das einige Kunsthistoriker Luca Fancelli zugeschrieben haben. Die Fassade mit Backsteinsockel und Rundbogenportal gliedert sich in der oberen Zone in drei Fensterordnungen. Heute ist in dem Gebäude ein Museum untergebracht, das der Seligen Osanna Andreasi (1449-1505) gewidmet ist, einer Laienschwester des Dominikanerordens, die sich in ihrem Leben ganz der Buße und Kontemplation hingegeben hat. Die Selige, die in der Familie Gonzaga sehr geschätzt war, bekam vom Markgrafen Federico I. den Auftrag, sich nicht nur seiner Gemahlin Margarethe von Bayern und seiner kleinen Kinder anzunehmen, wenn er nicht in Mantua weilte, sondern ihn auch bei der Staatsführung zu vertreten, so daß sich eine enge Freundschaft mit der Markgräfin Isabella d'Este entwickelte. Die Markgrafen wandten sich ständig an sie, und die Selige "hörte zu, gab Ratschläge und Anweisungen", wie ihre Biographen berichten. Der Ruf ihrer Heiligkeit im Zusammenhang mit den mystischen Ekstasen, die sie schon als Mädchen erlebte, und mit ihrem hingebungsvollen Einsatz für Witwen, Waisen, Arme und Ordensgeistliche, verbreitete sich rasch in der ganzen Lombardei, bis Papst Leo X. im Jahre 1515 der öffentlichen Verehrung stattgab, für die sich Isabelle d'Este eingesetzt hatte. Die Markgräfin ließ ein prächtiges Mausoleum in der Kirche San Domenico errichten, das jedoch nicht mehr existiert.

Casa Andreasi: das Zimmer der Seligen.

Das Andreasi-Haus ist um einen kleinen Innenhof mit quer verlaufenem Portikus angelegt, dessen Säulen Kapitelle mit dem Familienwappen tragen. Das Innere birgt ein Museum und im Obergeschoß Gebetsräume, wo Freskodekorationen des 16. Jahrhunderts zu sehen sind.

PORTO CATENA

(Via Gandolfo - Via Trieste - Via Fondamenta)

Das kleine Hafenbecken des heutigen Porto Catena vermittelt nur eine vage Vorstellung von dem einst gut ausgebauten Flußhafen, der mit einer Kette (von daher der Name) verschlossen war und unter Nutzung einer Bucht des Lago Inferiore, wo man auch den Rio einmünden ließ, seit dem 13. Jahrhundert in diesem Teil der Stadt in Betrieb war. Die umliegenden Straßen mittelalterlichen Ursprungs waren damals von Kaufleuten bewohnt, und die gesamte Gegend, die auch von Lagerräumen eingenommen wurde, war ein vitales Zentrum für das städtische Leben.

KIRCHE SANT'APOLLONIA

(Piazza Anconetta - Via Benzoni)

Die Kirche stammt aus dem Mittelalter, wurde von Paolo Pozzo zwischen 1780 und 1799 modernisiert und besitzt eine Fassade aus dem Jahr 1834. Im Inneren werden sehenswerte Kunstwerke bewahrt, unter anderem eine *Madonna mit Kind* aus der ersten Hälfte des 16. Jahrhunderts, die zuweilen Lorenzo Costa il Vecchio zugeschrieben wird; auf dem Hochaltar an der Apsiswand eine Altartafel mit der *Heiligen Familie und Heiligen* von dem Cremoneser Künstler Giuseppe Bottani (1717-1784).

KIRCHE SANTA MARIA DEL GRADARO

(Via Gradaro)

Mit dem Bau des Klosterkomplexes Santa Maria del Gradaro wurde Ende des 13. Jahrhunderts (1256-1295) an der Stelle begonnen, wo der Überlieferung nach Jahrhunderte zuvor ein römischer Soldat namens Longino (der sich später bekehrte) aus Jerusalem die vom Blut Christi getränkte Erde des Kalvarienberges (die heilige Reliquie in der Kirche Sant'Andrea) mitgebracht habe. Die Kirche weist schon an der Fassade Zeichen radikaler Umbauten im Laufe der Jahrhunderte auf (die österreichischen Truppen benutzten diese Räume 1772 als Lager). Die Kirche wurde immer wieder restauriert, zuletzt 1966, als man ganze Teile erneuerte (wie die Dachseiten und die beiden großen Lisenen), wie die hellere Färbung der Ziegelsteine beweist. Trotz vieler Umbauten bewahrt das Gebäude einen Stil, bei dem sich romanische Elemente (bewiesen durch eine Datierung von 1295 und die Ausführung des Portals durch die Veroneser Architekten "Magister Jacobus Gratasoia/Ognaben eius socius de Verona") mit Komponenten mischen, die bereits auf die Gotik hinweisen, wie der Portalbogen und die beiden schmalen hohen Seitenfenster zeigen. Die große Fensterrose stammt hingegen aus dem beginnenden 15. Jahrhundert.

Das dreischiffige Innere wird im vorderen Teil durch Säulen und im rückwärtigen Teil durch Pfeiler gegliedert, da der Raum ursprünglich durch eine Trennmauer (Ikonostasis) geteilt war, von der noch Reste erhalten sind; ein Teil diente als Kirche für die Gläubigen, der andere als Klosterraum für die Mönche. Auf das 16. Jahrhundert gehen die Seitenkapellen zurück, die sich an den Nebenschiffwänden aneinanderreihen und durch Zwillingssäulen getrennt werden.

Im Apsisbereich (ursprünglich der Mönchschor) sind interessante, dekorativ eingerahmte byzantinische Fresken zu sehen, wie das *Letzte Abendmahl* und *Bischöfe*, *Apostel* und *Heilige* aus

Die schöne Fassade der Kirche Santa Maria del Gradaro.

dem ausgehenden 13. Jahrhundert, die stilistisch stark von der venezianischen Mosaikkunst beeinflußt sind. Weitere Fresken, die wenig später entstanden sind, befinden sich in einem Raum links vom Presbyterium, und in der Apsis, wo *Heilige* dargestellt sind.

Sehenswert ist der Arkadenkreuzgang des 15. Jahrhunderts, der auf einer Seite an ein Gebäude grenzt, das 1454 auf einem früheren Komplex entstanden ist.

Bezauberndes Bild des Kreuzgangs der Kirche Santa Maria del Gradaro aus dem 15. Jh.

RUNDGANG 4

Palazzo Te

Sala dei Giganti (Palazzo Te)

Fresken im Deckengewölbe

Loggia Grande oder Davidsloggia

PALAZZO TE

(Via Giulio Romano - Via Acerbi - Viale Te)

Die Bezeichnung Palazzo Te oder Palazzo del Te, eine der schönsten und berühmtesten Villen nicht nur des Cinquecento, sondern der gesamten italienischen Baukunst, läßt sich etymologisch nicht sicher bestimmen. Möglicherweise geht der Name auf eine mittelalterliche Ortsbezeichnung zurück, mit der ein großer Freiraum in einem Randgebiet vor der Südmauer der Stadt gemeint war: "Teieto" (Hüttensiedlung) oder "Ti", woraus später "Te" wurde. Mit der Errichtung dieses einzigartigen Palais, dessen Bauphasen bis heute umstritten sind, wurde 1525 begonnen, aber die Arbeiten nach Plänen von Giulio Romano, vor allem die Ausschmückung, zogen sich bis 1535 hin. Tatsächlich entspricht das heutige Gebäude nur teilweise dem vom Künstler entworfenen Bauwerk; dies geht aus Quellen des 16. Jahrhunderts hervor, nach denen der Komplex ursprünglich ein regelrechter Palast mit mehreren quadratischen Höfen werden sollte. Giorgio Vasari berichtet 1568, daß Giulio Romano 1524 beauftragt wurde, die Stallungen der Gonzaga zu restaurieren, und er später beschloß, "aus diesem Gebäude einen großen Palast zu machen". Einen Palast, für dessen Bau typologische Bezüge auf die großen Landsitze der Poebene nicht ausgeschlossen werden können, der aber vor allem an das Konzept der fürstlichen *domus* im antiken Rom anknüpft. Der Palazzo Te, der, wie schon erwähnt, aus den ehemaligen Stallungen der Gonzaga entstanden ist (Mauerreste sind noch an einigen Innenwänden erkennbar), war praktisch das Lustschloß des Herzogs Federico II.

(und für seine Geliebte, Isabella Boschetti), der zuvor eine neue Verteidigungslinie für die Stadt in Auftrag gegeben hatte, es dann aber vorzog, diese herrliche Villa zu bauen. In Wirklichkeit existieren jedoch ganz wenige Zeugnisse über die Nutzung dieser Residenz, da der Palazzo Te schon bald als Repräsentationsvilla diente und die ursprüngliche Bestimmung als "*buen ritiro*" sehr rasch dem offiziellen Hofleben weichen mußte. Das Gebäude war anfangs von einem Garten und einem Fossa Magistrale genannten Wassergraben umgeben. Das Ergebnis war ein Ambiente, bei dem die Architektur der niedrigen und rustikal anmutenden Fassaden mit wunderschönen Grünanlagen und dem Reiz der Seelandschaft verschmolz. Der Palazzo Te ist eine große Vierflügelanlage mit weitem *Ehrenhof* in der Mitte, an den sich ein ausgedehntes Gartenrechteck anschließt; die Rückseite des Gartens wird von einer monumentalen Exedra begrenzt, die 1651 von Niccolò Sebregondi gebaut wurde; rechts säumt den Garten ein langgestrecktes Gebäude, die sog. *Fruttiera*, heute Ausstellungsraum, wogegen links das *Appartamento della Grotta* liegt.

Aussenbau, ehemaliger und heutiger Eingang

Die drei offenen Fronten, das heißt die Außenfassaden des Palazzo Te, beruhen alle auf dem gleichen Kompositionsprinzip und auf der gleichen architektonischen Formensprache, die jedoch in einigen wichtigen Details abweicht, so daß zwischen den einzelnen Ansichten eine Art "Hierarchie" entsteht. Es handelt sich um niedrige Baukörper, die an den Ecken jeweils durch einen Pfeiler und eine "stützende" Lisene verstärkt werden. Die Mauerflächen werden im Rhythmus weiterer tuskanischer Lisenen (einer für ländliche Gebäude

Der Palazzo Te, Meisterwerk der Renaissancearchitektur.

Palazzo Te: Eingang mit der Folge von Durchgängen bis zur Exedra. Die Portale mit ihrem Rustika-Bossenwerk und der architektonischen Ordnung stammen von Giulio Romano. Sie wurden von seinem Zeitgenossen Sebastiano Serlio als eines der gelungensten Beispiele neuer Monumentalportale für herrschaftliche Wohnhäuser angesehen.

bevorzugte Ordnung) gegliedert, die ein dorisches Gebälk tragen. Die Zwischenräume zwischen den Lisenen sind scheinbar mit Rustikaquadern verkleidet, das heißt unten mit mächtigen Steinblöcken, die nach oben hin weniger stark vorspringen und flacher werden. Tatsächlich handelt es sich von baulichem Standpunkt aus um ein "Pseudo-Rustikawerk", bei dem kein echter Naturstein verwendet wurde, sondern mit dünner Verputzschicht verkleidete Backsteine, die den Eindruck des Natursteins erwecken sollen (bei Restaurierungen im 18. Jahrhundert wurde diese Rustika-Zeichnung des 16. Jahrhunderts jedoch vielfach verändert).

Die am stärksten ausgebildete Front ist die Nordfassade, in deren Mitte sich drei gleiche Bögen öffnen. Auf beiden Seiten reihen sich nur scheinbar symmetrisch angeordnete Fenster aneinander, ein Konzept, das Romano häufig anwandte. Der Zugang zum Palast an der Westseite durch ein großes Rustikaportal führt in eine Vorhalle, die sich an einem 1525 kurz zuvor von Antonio da Sangallo il Giovane im Palazzo Farnese in Rom verwirklichten Atrium inspiriert; Giulio Romano wollte, wie es vor ihm schon Sangallo tat, die Vorhalle nachbauen, die nach Vitruv bei den alten Römern ins Haus führte, aber genau wie Sangallo hatte er die Form nicht richtig verstanden, indem er diesen Raum mehrschiffig konzipierte. Von diesem Eingang aus hat man eine malerische Sicht durch die Hofarkaden (die im 17. Jahrhundert an der Exedra am Ende des Gartens endete), genau wie in alten römischen Villen, an dessen Vorbildern sich Giulio Romano bei diesem gesamten Komplex orientierte.

EHRENHOF

An der Rückseite liegt der große Ehrenhof, einer der interessantesten Räume des gesamten Palais. Der Hof ist der Angelpunkt der auf großem quadratischem Grundriß stehenden Anlage mit vier symmetrischen Fronten, die an einigen Stellen später als der Hof entstanden sind, wie einige zugemauerte Fenster beweisen, die nicht der Aufteilung der Innenräume entsprechen (und teilweise auch am Außenbau ablesbar sind). Die Neuheit in Giulio Romanos Entwurf betrifft jedoch die architektonische Formensprache, die einen nicht eindeutigen Stil der Dekorationselemente verrät. Obgleich die Komposition - aus Nischen, Fenstern, Lisenen und Rustikasteinen - durchaus der Gliederung an den Außenfassaden des Palazzo del Te gleicht, fällt auf, daß diese Lisenen sich in Halbsäulen verwandelt haben (die gleiche Wandgliederung ist im Hof der Villa Madama in Rom zu beobachten); daß über den Fenstern Dreieckgiebel erscheinen, die unten gesprengt sind, und vor allem daß die 1533 ausgeführten zentralen Schmuckelemente (Triglyphen) in dem darüber verlaufenden dorischen Gebälk nach unten versetzt erscheinen, so, als ob das Gebälk auseinanderbrechen würde. Dieser Eindruck wird noch durch einige Schlußsteine im Fensterbogen verstärkt, die in den Bogen hineinzufallen scheinen. All dies sind nicht eindeutige Dekorationsmotive, die Giulio Romano den Ruinen der altrömischen Basilika Aemilia abgeschaut hat und die hier in Mantua der Baukunst des Manierismus angepaßt wurden, um beim Betrachter den Eindruck einer deutlichen Umkehrung der gebräuchlichsten Statikregeln zu erwecken. Linkerhand liegt also der Eingang zum Garten. Durch den Eingangsbogen, der auf Halbsäulen mit Dreieckgiebel ruht, hat man einen Durchblick zur großen Exedra an der Gartenrückseite.

Gemächer der Isabella Boschetti oder Appartamenti delle Metamorfosi

Wieder in der Vorhalle betritt man rechts eine Reihe von Räumen, die angeblich von Isabella Boschetti, der Geliebten des Herzogs, bewohnt waren. Die Bestimmung dieser Räume wird von der heutigen Kunstkritik nicht bestätigt, obwohl die langjährige Beziehung zu dieser Ehrendame, einer Nichte von Baldassarre Castiglione, den Herzog sogar dazu veranlaßt haben soll, seine von der Staatsraison diktierte Heirat bis 1531 hinauszuschieben, sehr zum Ärger der Margkräfin Isabelle d'Este.

Sala di Ovidio oder Sala delle Metamorfosi.

Sala di Ovidio oder Sala delle Metamorfosi

Der Saal ist nach den Wandfresken benannt, die Agostino da Mozzanega und Anselmo de Ganis nach Kartons von Giulio Romano ausgeführt haben und deren Szenen den *Metamorphosen*, einem Hauptwerk des lateinischen Dichters Ovid, entnommen sind. Der Bezug auf die Antike beschränkt sich hier jedoch nicht nur auf die Geschichten, sondern betrifft auch den Erzählstil, der deutliche Einflüsse römischer Malereien verrät, die man in jenen Jahren in der *Domus Aurea* auf dem Palatin in Rom gefunden hat. Interessant ist auf einem Fresko die Darstellung eines im Bau befindlichen Palastes im Hintergrund aus dem Jahre 1527: möglicherweise handelt es sich um den Palazzo Te, womit die Kunstgeschichte über einen wertvollen Hinweis über den Stand der Bauarbeiten zu jener Zeit verfügen würde.

Stanza delle Imprese

Dieser Raum ist nach den von Putten getragenen Wappen der Gon-

Sala delle Imprese: Detailaufnahme des Kamins.

zaga benannt, die den Fries bilden. Die Dekoration wurde vermutlich nach Kartons von Giulio Romano ausgeführt; bemerkenswert über dem Kamin ein Flachrelief mit dem Motiv des *Salamanders* oder der *Smaragdeidechse*, ein Wappenbild, das in den fürstlichen Räumen des Palastes häufig wiederkehrt.

Stanza del Sole e della Luna

Die Decke ist in Rauten unterteilt, in denen Stuckfiguren, vermutlich von Primaticcio und Scultori, enthalten sind; das zentrale Fresko stellt einen *Sonnenuntergang* dar, ein für einen Wohnsalon besonders geeignetes Bildthema. Giulio Romano lieferte die Kartons für die Darstellungen,

Sonnenuntergang und Mond von Primaticcio und Scultori.

wogegen die übrigen Stuckarbeiten an den Wänden im Zuge einer Restaurierung des Raumes in klassizistischer Zeit entstanden sind.

Loggia delle Muse

Die Musenloggia verdankt ihren Namen den Stuckdarstellungen am Gewölbe, die wahrscheinlich von Francesco Primaticcio

Ansicht des als "Loggia delle Muse" bekannten Saales.

(1504-1570) und Gehilfen geschaffen wurden, während die Wandgemälde von Schülern Giulio Romanos stammen (Rinaldo Mantovano und Benedetto Pagni). Die weite Verbreitung der Stuckdekorationen im Palazzo Te geht vermutlich auf den Umstand zurück, daß man in jenen Jahren in der *Domus Magna* auf dem Palatin in Rom zahlreiche antike Reliefs gefunden hat, die in der gleichen Technik ausgeführt worden waren und die Giulio Romano in seine mantuanischen Bauweke übernommen hat. Die Lünetten enthalten Darstellungen der *Quelle Hippokrene* und der *Nymphe Kastalia*, nach denen dieser Raum benannt ist; am Gewölbe sind ägyptisierende Motive zu sehen, möglicherweise aus der Zeit vor 1530. Die Dekorationen weisen diesen Teil des Palastes als einen dem Zeitvertreib gewidmeten Flügel und als die Wohnung der Musen aus, die den Gemächern der Boschetti entspricht, wogegen in der *Davidsloggia*, in der Nähe der herzoglichen Wohnungen, mehr Kriegsmotive zu sehen sind. Im Verlauf der jüngsten Restaurierungen tauchten an der Außenwand der Loggia interessante Bauskizzen auf, wie die Ecke einer Villa mit einer Loggia und daneben eine "Serliana" (zentrales Bogenfenster mit zwei seitlichen geraden Fenstern), sowie Entwurfsskizzen für Themen, die später im *Saal der Psyche* zur Ausführung kamen.

REPRÄSENTATIONSRÄUME

SALA DEI CAVALLI

Durch die *Musenloggia* hat man Zugang zur Sala dei Cavalli, ursprünglich Vorsaal zu den Emp-

Blick in die Sala dei Cavalli.

Sala dei Cavalli: Detail der Südwand.

fängsräumen, einer der schönsten Räume des Palastes, der sich im Gegensatz zu den anderen Räumen durch die architektonische Ordnung an den Wänden auszeichnet. Diese werden von korinthischen Lisenen und mit Scheinstatuen freskierten Nischen gegliedert. Die Lisenen rahmen große Tafeln mit sechs Pferden vor landschaftlichem Hintergrund ein; die Gonzaga hegten eine Vorliebe für diese Tiere, die in den Stallungen untergbracht waren, die den Vorläuferbau des Palazzo Te darstellen. Ferner sind hier *heidnische Gottheiten* und Szenen mit den *Mühen des Herkules* zu sehen, wobei insgesamt ein von prunkvollem und monumentalem Stil geprägter Eindruck entsteht; die Ausführung dieser Gemälde nach Entwürfen Romanos stammt von Rinaldo Mantovano und Benedetto Pagni. Die von einem Putten- und Rankenfries getragene schöne Decke, die 1527-28 von Gasparo Amigoni ausgeführt wurde, besitzt gemalte und verzierte Kassetten, in denen sich Rosetten mit dem Symbol des Olymps abwechseln; die Darstellung des Göttersitzes spielt auf den von den Gonzaga erreichten Ruhm an, der auch in dem hier dargestellten Helmschmuck zum Ausdruck kommt. In den fünfeckigen Feldern ist der Salamander mit dem Motto "was ihm fehlt, quält mich" dargestellt, eine Anspielung auf die Liebesglut, an der es der Smaragdeidechse bekanntlich besonders mangelt und von der Federicos Leben in Bezug auf die Boschetti erfüllt war.

Sala di Amore e Psiche

Der Banketten vorbehaltene Raum ist mit Fresken ausgestattet, die sich in Felder unterschiedlicher Form gliedern. Dargestellt sind *Szenen aus dem Leben der Psyche*, wie sie in dem Roman *Der goldene Esel* des lateinischen Schriftstellers Apuleius erzählt werden, wo

Sala di Amore e Psiche: die Hochzeit der Psyche und das Festmahl der Götter.

die Macht der Liebe verherrlicht wird. Es handelt sich um einen der bedeutendsten und berühmtesten Freskenzyklen des italienischen Manierismus. Die Erzählung beginnt am Gewölbe, wo in dem rechten Achteck *Psyche von den Männern wegen ihrer Schönheit wie eine Göttin verehrt wird*; es folgt *der zornige Befehl der Venus an Cupido, der es bewerkstelligen soll, daß Psyche sich in einen grauenvollen Mann verlieben soll*; dann die *Weissagung des Orakels von Apollo über das Geschick der Psyche*; anschließend die *Aussetzung des jungen Mädchens auf einem*

Sala di Amore und Psiche, Detail einer erotischen Szene.

Ansicht der Fresken in der Sala di Amore e Psiche.

Felsen; *Psyches Traum*; das *Mädchen zu Gast bei Cupido*; der *Besuch der Schwestern* und weitere Episoden. In den Lünetten sind die Prüfungen dargestellt, der sich Psyche wegen ihrer Überheblichkeit zu unterziehen hat, wogegen an den fensterlosen Wänden ihre mit Cupido auf dem Olymp gefeierte *Hochzeit* wiedergegeben ist; bemerkenswert links der schöne Elefant und rechts das von einem Afrikaner geführte Dromedar. Die anderen Wände sind mit *Geschichten von Göttern und Helden* geschmückt, die in keinem Zusammenhang zum Psyche-Mythos stehen und möglicherweise auf den Traum des Polyphylos zurückgehen. Sicher fehlt es in all diesen Darstellungen auch nicht an allegorischen Bezügen, die möglicherweise von den Literaten Mario Equicola und Paolo Giovio stammen und sich an der neuplatonischen Idee des Aufstiegs der Seele inspirieren: von den Schwierigkeiten des Lebens (das Labyrinth auf dem Fußboden) über Leiden und Hindernisse (die Szenen an den Wänden und am Gewölbe) bis zur Reinigung der Seele (das himmlische Reich in der Deckenmitte). Andere Deutungen identifizieren Psyche mit der Boschetti; die feindlich gestimmte Venus mit der tatsächlichen Opposition der Isabella d'Este, der Mutter des Herzogs; und Cupido mit dem Herzog selbst.

Die Fresken wurden bekanntlich 1528 fertiggestellt, das heißt, daß der Raum danach keine baulichen Veränderungen mehr erfahren hat, insofern als die Bildfelder zwischen den Fenstern und Konsolen des Gewölbes schon ihre endgültige Anordnung gefunden hatten. Dies führt zu der Annahme, daß dieser Entwurf einer der ersten war, die im Palazzo Te zur Ausführung gekommen waren. Der Zyklus stellt eine großartige Komposition dar, deren ikonographischer Aufbau von Giulio Romano stammt, während die Ausführung Rinaldo Mantovano, Benedetto Pagni und Fattore übernahmen; die schönen Hintergrundlandschaften entstanden unter Mithilfe von Luca da Faenza und Fermo da Caravaggio. Der Saal, dessen untere Wandflächen einst mit kostbaren Tapisserien und kunstvollen Dekorationen ausgestattet waren, da nur der obere Teil der Wände von den Fresken eingenommen wurde, zeigt eine interessante Mischung aus Architektur und themabezogener Dekoration, die beide auf die Verherrlichung des Federico Gonzaga hinzielten, wie auf der Friesinschrift zu lesen steht (demnach ließ er diesen Raum nach dem Motto bauen "in ehrlicher Muße nach der Mühsal, um neue Energien zu schöpfen für ein friedliches Leben").

Teilansicht der Stanza dello Zodiaco (oben)***; Detail der Sala delle Aquile oder Sala di Fetonte*** (unten).

Die Pracht dieses Saales rührt nicht nur von der Dekoration her, sondern auch von dem kostbaren Marmor, der, wie in der *Sala delle Aquile*, für die Kamine und Türen verwendet wurde.

Sala dei Venti oder Sala dello Zodiaco

Die Decke ist eine Komposition aus Rauten, in denen in Form von Fresken oder Stuckarbeiten die *Götter*, die *Monate* und die *Winde* dargestellt sind. Die von Giulio Romano und Gehilfen gemalten sechzehn Medaillons enthalten das *Horoskop*, das den Einfluß der Sterne auf das Leben der Menschen verkörpert, hier nach dem spätantiken Autor Firmico Materno (von dessen Werk *Mathesis* der Markgraf Ludovico Gonzaga bereits 1461 aus den Sammlungen der *Biblioteca Malatestiana in Cesena* eine Kopie erstellen ließ).

Privatgemächer
Sala delle Aquile oder Sala di Fetonte

Der Saal gilt als das Schlafgemach Federicos II. und ist nach der Szene in dem zentralen Achteck mit dem *Sturz des Phaethon* benannt; in den Ecken erscheinen *Amazonen*, *Kentauren*, *Titanen* und *Najaden*; die muschelförmigen Nischen an den Saalecken enthalten *Adlerfiguren*. Vortrefflich sind die Stuckkompositionen der Lünetten und Friese, wogegen die Szene in Saalmitte vermutlich von Giulio Romano persönlich gemalt wurde. Die mythologischen Episoden, Grotesken und Schlachtenszenen stammen wahrscheinlich von Agostino da Mozzanega, und Primaticcio werden die Stuckarbeiten zugeschrieben. Am Kamin sind die üblichen Smaragdeidechsen bemerkenswert.

Loggia Grande (auch Hofloggia oder Davidsloggia)

In diesem offenen Raum, der den *Ehrenhof* mit dem Garten verbindet, wurde anläßlich der Ernennung des Federico Gonzaga vom Markgrafen zum Herzog im Jahre 1530 Kaiser Karl V. empfangen. Die Gemäldedekoration zeigt Darstellungen aus dem *Leben Davids*, des Königs von Israel, seine Heldentaten und seine Liebe zu Batseba.

Dieser Zyklus, der sich neben den herzoglichen Gemächern befindet, verherrlicht in Allegorien die Kriegstugenden des Federico Gonzaga, insbesondere nachdem der Palazzo Te aufgrund der Durchreise Karls V. kaiserliche Residenz wurde. Der Freskenzyklus zeigt auch eine Parallele zwischen dem vom Herzog am Ehemann seiner

Nachtaufnahme der Loggia Grande oder Davidsloggia mit den Fischteichen.

Schöne Ansicht der Loggia Grande oder Davidsloggia bei Nacht.

Geliebten verübten Mord und dem von David gegenüber dem Gemahl der Batseba begangenen Verbrechen auf. Der Grundgedanke der im Palazzo Te behandelten Bildthemen ist der, daß der Liebe niemand widerstehen kann, weder zur Zeit der biblischen Helden des Alten Testaments, noch in der Epoche, in der die Villa gebaut wurde. An den kleineren Innenwänden dieser Loggia wird besonders deutlich, daß der Bauentwurf Romanos für einzelne Bereiche ohne Beziehung zueinander fortgeführt wurde und daß die Baustellensituation oft auch durch frühere Umstände beeinträchtigt war. So sind die zu den beiden Seitenflügeln weisenden Fensteröffnungen nicht achsgleich, und der Restaurator, der im 18. Jahrhundert diesen Raum durch die Einführung der Dekorationen wesentlich veränderte, hatte alle Mühe, diese Diskrepanzen auszugleichen.

Der Garten

Bei Betreten des Gartens sieht man, wenn man die Rampe bis zur Mitte hinaufgeht und sich zum Eingang zurückwendet, die Front der *Davidsloggia*, die als Passage vom *Ehrenhof* zum Garten dient. Der Log-

Die Exedra bei Nacht vom Garten aus gesehen.

gia vorgelagert ist ein auf Gewölbebauten ruhender Steg, auf dem man früher die Fischhalle des Palastes überquerte. In der Fassade der Loggia öffnen sich drei Arkaden, die von Bündeln mit jeweils vier Säulen getragen werden und die großen Pfeiler ersetzen, die den ehemaligen Haupteingang des Palastes bildeten. Diese Front wurde bekanntlich auf der Grundlage eines von Giulio Romano ausgearbeiteten Modells verwirklicht, wenn auch mit einigen Abweichungen, die während der Bauarbeiten eingeführt wurden. Umfassende Veränderungen erfuhr der Palast indessen im 18. Jahrhundert, als man das Gebäude aufgrund der Verunstaltungen und Zerstörungsakte im Laufe der Jahrhunderte gründlich restaurieren mußte. So war die kleine Loggia als Bekrönung der Seitenflügel nicht mehr vorhanden, die Dekorationen, die Giulio Romano in den Zwickeln der zentralen Bögen anbringen ließ, waren abhanden gekommen, und in klassizistischer Zeit entstand der steile Dreieckgiebel, der heute die Loggia krönt. An den Frontseiten befinden sich Fenster in Form einer "Serliana" (ein von Säulen getragener Bogen mit seitlichen rechteckigen Öffnungen), einem von Bramante und Raffael häufig verwendetes Motiv des römischen Klassizismus.

Der Garten schließt auf der rechten Seite mit einem langgestreckten, *Fruttiere* genannten Gebäude ab, in dem heute Ausstellungsräume untergebracht sind. An der Rückseite, gegenüber der Loggia, befindet sich eine große Exedra, die Niccolò Sebregondi (um 1651) zugeschrieben wird, nach Meinung anderer Kunsthistoriker jedoch ein Werk von Paolo Pozzo aus dem 18. Jahrhundert ist. Diese Exedra begrenzt heute den Palastkomplex, während sie ursprünglich nur eine Trennung zu dem weitläufigen Park bildete.

Appartamento della Grotta

An die linke Seite der Exedra schließt sich das Appartamento della Grotta an, das von 1528 bis 1530 gebaut wurde und vier Jahre danach noch nicht vollständig ausgemalt war. Man betritt das Appartement durch eine mit Grotesken geschmückte, achteckige Vorhalle. Hier kommt man zunächst in die *Sala di Attilio Regolo*, einen quadratischen Raum, dessen Wände und Gewölbe Allegorien der *Kriegstugenden* und *Bürgerlichen Tugenden* zeigen, ein deutlicher Bezug auf die Gonzaga (in der Mitte des Gewölbes die *Berühmtheit*, die *Vier Kardinaltugenden* sowie Szenen aus der Geschichte der Antike, die sich auf *Marcus Atilius Regulus*, *Horatius Codes* und *Cincinnatus* beziehen). Danach gelangt man in eine ganz mit Grotesken und mythologischen Szenen geschmückte Loggia, die nach einem Entwurf von Giulio Romano in traditionellem Stil gestaltet

Loggia des Appartamento della Grotta.

Detail des Frieses im Stucksaal.

wurde, und weiter in einen kleinen rechteckigen Geheimgarten, der ursprünglich mit perspektivischen Veduten ausgestattet war, die den Raum vergrößerten und von denen heute kaum noch Spuren vorhanden sind, während auf drei Seiten mehrere Nischen erhalten sind. An der Rückseite öffnete sich die Grotte (die Zuschreibung an Giulio Romano ist heute sehr umstritten), die anfangs mit Mosaiken und Muscheln inkrustiert und mit Statuen und Wasserspielen ausgestattet war; heute ist von dieser Dekoration leider sehr wenig erhalten.

Stucksaal

Kehrt man zur *Davidsloggia* zurück, hat man auf der linken Seite Zugang zum Stucksaal, dessen Tonnengewölbe mit Kassettendecke wie auch die Lünetten eine plastische Stuckdekoration mit Figuren aus der Mythologie zeigen. Beachtenswert ist der doppelte Fries aus dem Jahr 1531, der den oberen Wandschmuck bildet und allgemein Primaticcio zugeschrieben wird. Einige Kunsthistoriker haben in der Struktur des Frieses Ähnlichkeiten mit den Reliefs der Trajanssäule in Rom erkannt, insofern als nach Alberti und Mantegna die Vorliebe für die Antike auch durch Giulio Romano in Mantua wiederauflebte.

Sala dei Cesari oder Kaisersaal

Die Bezeichnung geht auf das Fresko in der Mitte des Gewölbes zurück mit einer Darstellung *Cäsars, der die Briefe des Pompeius verbrennt*; an den Wänden, über denen ein Fries mit Putten und Gottheiten verläuft, sind Bilder *römischer Kaiser*

Blick in den Kaisersaal.

Oben, rechts und links: ***Details des Deckengewölbes in der Sala dei Giganti.***

und historische Episoden dargestellt. Zwischen dem 18. und 19. Jahrhundert wurden die Dekorationen in diesem Raum gründlich restauriert.

Sala dei Giganti

Der Gigantensaal, der von 1532 bis 1534 vor allem von Rinaldo Mantovano (einigen Kunsthistorikern zufolge aber auch von Giulio Romano) ausgemalt und auch von Vasari gerühmt wurde, gehört zu den bekanntesten Räumen im Palazzo Te. Die Dekoration mit dem *Sturz und der Vernichtung der Giganten, die der Zorn des Zeus traf*, ist einzigartig in ihrer Art, insofern als sie vom Gewölbe auf die Wände übergeht und so eine Einheit schafft, bei der auch der mit Kieselsteinen belegte Fußboden mit dem unteren Teil der Wände verbunden war. Dieses Gestaltungsprinzip entsprach der Vorstellung einer reichen und überschwenglichen malerischen Ausstattung, die mit den architektonischen Effekten untrennbar verbunden war.

Das Thema, das auf die Verherrlichung Karls V. (*Jupiter*) gerichtet war, auch in der Gegenüberstellung mit seinen größten Feinden (die Cognac-Liga), vollzieht sich in einem katastrophischen Klima unter dunklem Himmel, wo die Feinde von Steinmassen und gigantischen Gebäudeteilen erschlagen werden. Eine Art großartige Kaprice, die nichts mehr gemeinsam hat mit dem Maß und ausgesuchten Gleichgewicht der römisch-klassizistischen Kultur eines Bramante und Raffael (letzterer war Giulios Lehrer). Ein großer Kamin warf einst seinen Feuerschein auf die Wände und ließ die rotbraunen Töne noch stärker hervortreten.

In diesem Raum kann man durch die Reflexion der Klangwellen in der Decke von einer Ecke diagonal zur gegenüberliegenden ein verstärktes Echo hören.

Napoleonischer Flügel

An den *Gigantensaal* schließen sich mehrere Räume an, die Anfang des 19. Jahrhunderts eine neue Dekoration mit Stukkaturen und Grotesken erhielten.

Museo Civico

Im Obergeschoß des Palazzo Te hat man ein Museo Civico eingerichtet, das drei sehenswerte Abteilungen besitzt: die **Ägyptische Abtei-**

lung, die der mantuanische Ägyptologe Giuseppe Acerbi 1840 zusammenstellte (beachtenswert vor allem ein *Kopf Psammetichs II.*, ein *Kopf des Ptolemäus* und ein *Kopf der Arsinoe*); die **Gonzaga-Abteilung**, zu der vor allem die Münzensammlungen mit Exemplaren Pisanellos sowie schön verzierte Raum- und Längenmaße aus der Renaissancezeit gehören; die **Galerie der Modernen Kunst**, vorwiegend mit Werken von Federico Zandomeneghi (1841-1917) und von Armando Spadini (1883-1925).

Sala dei Giganti: Blick auf die Decke mit ihren Fresken.

Palazzo d'Arco
(Christus am Kreuz)

Teatro Sociale

Museum F. Gonzaga (Diözesan - Museum)
Madonna mit Kind

Kirche San Maurizio

Haus des Giulio Romano

Kirche San Sebastiano

KIRCHE SAN SEBASTIANO

(Via Giovanni Acerbi - Largo XXIV Maggio)

Die von Leon Battista Alberti 1460 entworfene Kirche San Sebastiano stellt ebenfalls eine der bezeichnendsten Renaissancekirchen und eines der ersten Beispiele für die Neuinterpretation antiker römischer Bauten im Licht des Humanismus dar, bei der sich formale Elemente unterschiedlicher Herkunft miteinander verbinden. Das ursprüngliche Gebäude unterschied sich wesentlich

Kirche San Sebastiano: Ausstattung vor den Änderungen im Jahre 1925.

von dem heutigen Bau, nachdem es 1925 eine umfassende Restaurierung erfahren hatte und in eine Gedenkstätte für Kriegsgefallene verwandelt worden war. Damals schuf man auch die beiden großen geraden Treppenaufgänge, die die beiden äußeren Kryptabögen verschließen. Die beiden Eingangsportale waren ursprünglich Fenster, und in der Mitte der Fassade, wo sich heute der Gedenkstein für die Gefallenen befindet, prangte einst ein Fresko von Mantegna. Auch heute sind noch beachtliche, wenn auch stark verwitterte Reste der Dekorationen zu sehen, mit denen der große Fries und die Außenfassaden der Kirche bemalt waren. 1460 begann Luca Fancelli mit dem Bau der Kirche, der erst vierzig Jahre später zum Abschluß kam, wobei nicht bekannt ist, inwieweit er sich an das Modell Albertis gehalten hat (schon ab 1479, nach dem Tod des Markgrafen Ludovico, gibt es keine Hinweie mehr auf die Baustelle). Der Originalentwurf sah eine zweistöckige Kirche mit einer doppelrampigen Treppe vor, die in der linken Loggia enthalten war, wogegen sich rechts das alte Klostergebäude anschloß. Die im Laufe der Jahrhunderte vorgenommenen Umbauten ließen die eklatante Neuerung in dem von Leon Battista Alberti erstellten Entwurf jedoch nahezu unangetastet; die Kunsthistoriker ordnen dieses Gebäude der Spätphase Albertis zu, der hier im Vergleich zu den früheren architektonischen Ordnungen geschlossene Mauerflächen vorzieht. Tatsächlich ist nicht genau bekannt, wie die Kirche im Originalentwurf aussehen sollte, außer daß Kardinal Francesco Gonzaga, der Sohn des Markgrafen Ludovico und Auftraggeber der Kirche, 1473 bemerkte, daß das Gebäude sicherlich in "gefälligem antikem Stil" konzipiert war, daß man aufgrund seiner seltsamen Form aber nicht genau erkennen konnte, ob es sich um eine "Kirche, eine Moschee oder eine Synagoge" handelte.

Kirche San Sebastiano: die Fassade.

Mantegna-Haus: Teilansicht des Hofes.

Beachtenswert sind auch die wunderschönen Friese in den Öffnungen des Cella-Geschosses aus dem 15. Jahrhundert mit Putten, die eine die Sonne enthaltende Girlande (neuplatonisch) tragen und in denen die Vorliebe Albertis für den Stil der Antike beispielhaft zum Ausdruck kommt.

Auch das Innere inspiriert sich an klassichen Vorbildern. Der Grundriß in Form eines griechischen Kreuzes ist antiken Grabkapellen an der Via Appia in Rom abgeschaut, die im Quattrocento noch existierten. Dieser Grundriß Albertis sollte Ende des Jahrhunderts und vor allem im 16. Jahrhundert weite Verbreitung finden.

Mantegna-Haus: Außenansicht.

MANTEGNA-HAUS

Mit dem Bau dieses Hauses wurde, wie ein Datum auf dem marmornen Eckgrundstein besagt, 1476 begonnen; der Entwurf stammt von Mantegna selbst (er ließ sich 1459 in Mantua nieder), möglicherweise nach Ratschlägen von Leon Battista Alberti. Die Arbeiten zogen sich über zwanzig Jahre bis 1496 hin, doch ist die Form dieses einzigartigen Wohnhauses das Ergebnis radikaler Restaurierungen, die in unserem Jahrhundert stattgefunden haben. Der Einfluß Albertis ist insbesondere in dem großen runden Innenhof erkennbar, der in diesen quadratischen Wohnkomplex eingeschrieben ist. Eine Typologie, die sich auch in einigen Entwürfen von Francesco di Giorgio Martini des ausgehenden 15. Jahrhunderts nachweisen läßt, der sehr wahrscheinlich auch von den Überlegungen Albertis beeindruckt war, den er durch die Beziehungen zu den intellektuellen Hofkreisen des Lorenzo il Magnifico in Florenz kennengelernt hatte. Dem Hof sind die einzelnen Zimmer des Hauses zugewandt, in denen zum Teil noch Reste von gemalten Dekorationen, unter anderem auch das Wappen des Markgrafen Ludovico II., zu sehen sind. Das Haus des

Mantegna eifert in allem dem Stil des antiken Wohnhauses nach, und es ist nicht ausgeschlossen, daß für den eigenartigen zylinderartigen Hof ursprünglich eine Kuppel mit zentralem Rundfenster vorgesehen war - etwa in der Art eines privaten Miniatur-Pantheons.

PALAZZO DI GIUSTIZIA

(Via Poma)

Der Justizpalast wurde in den zwanziger Jahren des 17. Jahrhunderts, sehr wahrscheinlich nach einem Entwurf von Antonio Maria Viani, für eine Seitenlinie der Familie Gonzaga (Gonzaga di Vescovado in der Umgebung von Cremona) erbaut. Die Fassade ist ein eindeutiges Zugeständnis der Formensprache Vianis an die Vorliebe für einen abwechslungsreichen Bauschmuck und für starke Helldunkel-Effekte, möglicherweise auch deshalb, weil es sich nicht um einen öffentlichen Auftrag der Gonzaga handelte, sondern der Architekt hier im Rahmen des privaten Wohnungsbaus tätig war. Einige Säle, wie der *Audienzsaal*, waren schon zuvor von Schülern Giulio Romanos mit in Scheinnischen enthaltenen Fresken der *Sieben Weisen des Altertums* dekoriert worden.

Palazzo di Giustizia: Detail der Gebälkträger an der Fassade.

HAUS DES GIULIO ROMANO

Der Architekt Giulio Romano plante dieses Gebäude 1540 als eigenes Wohnhaus, das in späteren Jahrhunderten erweitert und stark umgebaut wurde, vor allem im 19. Jahrhundert von Paolo Pozzo, der auch die ursprünglichen Proportionen änderte. Das Gebäude,

Haus des Giulio Romano: die Merkurstatue in der Nische über dem Eingangsportal.

das bei Romanos Ankunft (im Gefolge von Baldassarre Castiglione) in der Stadt etwa im Jahre 1524 bereits existierte, wurde vollkommen umgestaltet; insbesondere schuf er eine Fassade, die Vasari als "phantastisch, ganz mit farbigem Stuck behandelt" beschrieb und die ursprünglich auf jeder Seite der Tür mit zwei Fenstern ausgestattet war. Von der typischen Formensprache Romanos zeugen noch die Rustikaverkleidung, die Nischen mit Dreieckgiebeln über den Fenstern und die unterbrochene Geschoßgliederung, alles Elemente, die der Architekt häufig verwendete.

Über dem Eingangsportal befindet sich eine Nische mit einer Statue des *Merkur*, ein der Antike nachempfundenes Werk, das ebenfalls im 16. Jahrhundert restauriert wurde. Das Innere birgt einen großen Saal mit Fresken von Giulio Romano und seiner Schule, auf denen *Antike Gottheiten* dargestellt sind.

Via Chiassi: die Fassade des Hauses Nr. 71, nach einem Entwurf von Aldo Andreani (1912).

PALAZZO ALDEGATTI

Die Via Chiassi ist zweifellos eine der interessantesten Sraßen in Mantua, da sich an den städtischen Bauwerken und Privathäusern in besonderer Weise der im Laufe der Jahrhunderte veränderte Zeitgeschmack ablesen läßt. In einem Abschnitt von nur wenigen Metern folgen verschiedene Stilrichtungen aufeinander, die jeweils einer anderen Epoche angehören und die von ästhetischem Standpunkt aus an den Fassaden der Gebäude zu erkennen sind. Ein Beispiel ist das 1912 gebaute Jugendstilhaus (Nr. 71) von Aldo Andreani, dem bedeutendsten Vertreter des neuen Floralstils in Mantua; oder der Palazzo Cantoni Marca (Nr. 42), dessen Bekrönung sich den Prototypen Fancellis aus dem späten 15. Jahrhundert annähert, obgleich die zugemauerten Zinnen eher auf eine neumittelalterliche Interpretation des 19. Jahrhunderts hinweisen; der barocke Palazzo Neri Bollati (Nr. 61, heute Mittelschule). Und schließlich der Palazzo Aldegatti (Nr. 18) aus der ersten Hälfte des 16. Jahrhunderts, dessen Fassade durch ein schönes Marmorportal gekennzeichnet wird. Im Inneren des Gebäudes ist im *Ehrenhof* ein breiter freskierter Fries zu sehen, der Andreasino (1548-1608) zugeschrieben wird; die übrigen Säle sind im Geschmack des 19. Jahrhunderts ausgeschm¸ckt und spiegeln den Dekorationsstil der mantuanischen Adelshäuser jener Zeit beispielhaft wider.

KIRCHE SAN MAURIZIO

Die nach Plänen von Antonio Maria Viani 1609 begonnene und 1616 geweihte Kirche erhielt erst 1731 eine Fassade. Über dem einschiffigen Inneren wölbt sich eine außergewöhnliche elliptische Kuppel. Die Kapellen enthalten zum Teil sehenswerte Gemälde: in der ersten Kapelle rechts ein abgelöstes Fresko mit *Thronender Madonna und Heiligen* aus der zweiten Hälfte des 16. Jahrhunderts sowie ein Gemälde gleichen Themas, das einem Sch¸ler von Ludovico Carracci zugeschrieben wird; in der zweiten Kapelle eine *Verkündigung* aus dem Jahre 1616, ebenfalls von Carracci (1555-1619), der möglicherweise auch das *Martyrium der hl. Margarethe* und die *Enthauptung der Heiligen* schuf, zwei Werke in der dritten Kapelle, die jedoch von Lucio Massari fertiggestellt wurden.

Im Altarraum befindet sich eine Reihe von Gemälden des flämischen Malers Jacob Denys, die auf die zweite Hälfte des 17. Jahrhunderts zurückgehen und *Geschichten aus dem Leben des hl. Mauritius* darstellen. Die zweite Kapelle links enthält ferner zwei Gemälde von Lorenzo Garbieri, ebenfalls einem Schüler Carraccis, mit *Geschichten aus dem Leben der hl. Felicitas.* In der ersten Kapelle sind Werke des Mantuaners Giuseppe Bazzani aus dem 18. Jahrhundert zu sehen. Beachtenswert ist auch an der rechten Wand die *Grabinschrift* von Paolo Giovio *für Giovanni dalle Bande Nere*, der 1526 in Mantua starb; die Grabplatte befand sich ursprünglich in der Kirche San Domenico, die heute nicht mehr existiert. Die Kirche wird zur Zeit nicht für Gottesdienste benutzt.

Kirche San Maurizio: Martyrium der Hl. Margarethe, von L. Carracci.

TEATRO SOCIALE

*(Via Roma - Piazza Marconi
Corso Umberto I. - Piazza Cavallotti)*

Das Gebäude des Teatro Sociale ist eines der schönsten klassizistischen Theater in Italien. Es wurde zwischen 1818 und 1822 nach einem Entwurf von Luigi Canonica (1762-1844) in einem für den damaligen Theaterbau sehr verbreiteten Stil errichtet. Ursprünglich war das Theater als Opernhaus konzipiert. Es gehörte zu den wichtigsten öffentlichen Gebäuden, die zur Zeit der Restauration der österreichischen Regierung entstanden sind, und spielte im kulturellen Leben der Stadt Mantua eine wichtige Rolle. Der Komplex weist an der Fassade eine Tempelfront mit sechs ionischen Säulen auf, über denen sich ein brei-

Vor dem Teatro Sociale (1818-1822), entworfen von Canonica, steht ein eleganter Pronaos.

ter Dreieckgiebel erhebt, dessen Tympanon mit einer Girlande geschmückt ist. Der Theaterraum enthält fünf Ränge mit Logen und zwei Galerien. Hinter einem Gitter des 19. Jahrhunderts rechts vom Theater liegt ein kleiner Platz, von dem man einen weiten Blick auf den von Alberto Pitentino eröffneten mittelalterlichen Kanal, den sog. Rio, genießt.

KIRCHE SANT'ORSOLA

An der Stelle, die einst von dem 1930 abgerissenen Kloster Sant'Orsola eingenommen wurde, legte man 1947 die heutige Via Bonomi an, eine neue Verbindungsachse zum Gebiet des Lago Superiore. Von dem ehemaligen Komplex steht noch die Klosterkirche, die 1608 von Antonio Maria Viani (1555/60-1629) gebaut wurde. Der achteckige Grundriß, der am Außenbau an dem hohen Zentralkörper mit großen Fenstern erkennbar ist, wird von einem rechteckigen, niedrigeren Gebäude mit zwei Fassaden ummantelt. Das Kircheninnere birgt über dem Hochaltar ein Gemälde des 17. Jahrhunderts.

1643 ließ die Herzogin Maria Gonzaga außer einem Kloster für geistige Einkehrtage auch zwölf Gebetsgrotten bauen. Diese Einsiedelei, die heute im Garten des Offiziersclubs der Kommandatur in der Via Vittorio Emanuele liegt, befindet sich leider in sehr schlechtem Erhaltungszustand.

OGNISSANTI-KIRCHE

Die Ognissanti-Kirche, die wie der Kampanile und die sog. Cappella dei Morti (Totenkapelle) beweisen, mittelalterlichen Ursprungs ist, stellte einen wichtigen Komplex dar, der einem Spital angeschlossen war. 1752-53 erstellte man einen neuen Fassadenentwurf auf der Grundlage eines maßvoll spätbarocken Stils, bei dem (abgesehen vom Fronton mit Portalnische) auf schmückendes Beiwerk fast völlig verzichtet wurde, der leicht konkave Fassadenverlauf, der oben durch die gekrümmte Giebelfront noch hervorgehoben wird, jedoch einer gewissen dekorativen Wirkung nicht entbehrt

Das Innere birgt eine Reihe sehenswerter Kunstwerke, unter anderem am ersten Altar links ein Gemälde

Blick auf die Kirche Sant'Orsola.

des 16. Jahrhunderts mit der *Predigt Johannes' d. Täufers* aus der Schule des Giulio Romano, und am zweiten Altar rechts ein abgelöstes Fresko, *Madonna und Heilige*, von Niccolò da Verona (aus der Zeit von 1462 bis 1493). Der Altarraum zeichnet sich durch eine Darstellung des *Hl. Benedikt und der Hl. Klara* von Ippolito Andreasi (1548-1608) sowie durch einen *Johannes d. Täufer* aus, der dem römischen Künstler Domenico Fetti (1589-1623) zugeschrieben wird.

Links, in der *Cappella dei Morti*, einem früheren Mausoleum der Äbte, befindet sich eine Reihe von Fresken aus dem 14. Jahrhundert.

Die bewegt gestaltete, spätbarocke Fassade der Ognissanti-Kirche.

KIRCHE SAN FRANCESCO

(Piazza San Francesco)

Die Kirche San Francesco wurde zwischen dem ausgehenden 13. Jahrhundert und den frühen Jahren des 14. Jahrhunderts an der Stelle errichtet, wo eine Kapelle stand, die Frate Benvenuto, einem Anhänger des hl. Franz von Assisi geweiht war. Die Lage dieser Kirche, wie auch die des Dominikanerklosters San Domenico, entsprach genau den allgemeinen Kriterien für die Niederlassung der Bettel- und Predigerorden im Rahmen der mittelalterlichen Stadt, das heißt sie bevorzugten Gelände, die innerhalb des Mauergürtels lagen, häufig jedoch nicht in den urbanen Kontext integriert waren, die dicht besiedelt waren und vor allem über große Ausdehnungsmöglichkeiten verfügten. So wurde das Areal in Mantua, in dem sich die Franziskaner niedergelassen hatten, schon bald zu einem Schwerpunkt des wirtschaftlichen Lebens der Stadt, da es mit dem Rio, einer lebenswichtigen Wasserstraße, an der bedeutende Produktionsstätten angesiedelt waren (Mühlen, Walken usw.), und folglich auch mit dem Lago Superiore topographisch

Ognissanti-Kirche: *Madonna mit Heiligen* von Niccolò da Verona.

eng verbunden war. Im 15. Jahrhundert wurde das Gebäude, das zu keiner Zeit geweiht worden war, zum Schwerpunkt des Andachtslebens der Gonzaga, wie im übrigen alle Franziskanerklöster an den großen Renaissancehöfen Nord- und Mittelitaliens, insofern als ein Übergang von den Konventualen zu den Observanten zu verzeichnen war, die aus dem Franziskanerorden hervorgingen und unter dem besonderen Schutz der Gonzaga standen (ähnlich wie in Urbino, Florenz und Ferrara). So entwickelte sich die Kirche allmählich zu einem Mausoleum für die Markgrafenfamilie und wurde von Papst Pius II., der sich zum Konzil für den Aufruf zu einem neuen Kreuzzug in Mantua befand, im Jahre 1459 endlich geweiht (im Papstgefolge reiste auch Leon Battista Alberti mit). Die Kirche in ihrem heutigen Aussehen ist das Ergebnis einer umfassenden Restaurierung, die nach den von den Alliierten im letzten Krieg verursachten Bombenschäden vorgenommen wurde, wogegen die Apsis völlig neu ist. Die gotisch-lombardische Fassade ist demnach ein Neubau nach alten Fotos, mit schönem Marmorportal in der Mitte. Das Innere hat basilikalen Grundriß und ist in drei Schiffe mit neugotischen Spitzbögen geteilt, die der Schlichtheit des Raumes, die nicht zuletzt auf den Backsteinstrukturen beruht, einen mittelalterlich anmutenden Charakter verleihen. Im rechten Kirchenschiff reihen sich Kapellen aneinander, von denen vor allem die erste rechts sehenswert ist, eine geräumige Kapelle aus dem 15. Jahrhundert, in der Fragmente von Grabmonumenten aus dem Trecento enthalten sind. Über der Seitentür sind Spuren eines Freskos mit dem *Hl. Franz* von Stefano da Verona (1374-1438) und Domenico Morone (1442-1517) zu erkennen; diese Fragmente, wie auch andere in der Basilika verstreute Reste, vermitteln eine wenn auch nur bruchstückhafte Vorstellung von der prachtvollen Aussgestaltung des Kircheninneren im Mittelalter und in der Renaissance (gegenüber sind die abgelösten Sinopien dieses Freskos zu sehen). In der zweiten Kapelle steht ein Holzaltar des ausgehenden 16. Jahrhunderts, wie der in der vierten Kapelle, der jedoch aus dem 17. Jahrhundert stammt. Die fünfte Kapelle bewahrt links ein Gemälde mit dem *Hl. Franz von Assisi*, das Morazzone (1573-1626) zugeschrieben wird, sowie rechts einen *Hl. Franz in der Anbetung* aus venezianischer Schule. An der Rückseite liegt ebenfalls rechterhand die *Cappella dei Gonzaga*, in der vom 14. bis 15. Jahrhundert zahlreiche Mitglieder der Familie beigesetzt wurden. Erhalten sind auch Freskenreste aus den sechziger und siebziger Jahren des Trecento, und an der Rückwand erscheint eine Darstellung des *Hl. Ludwig von Toulouse*, die Tommaso da Modena (1326-1379) zugeschrieben wird und auf der auch *Luigi Gonzaga*, der erste Regent der Stadt, porträtiert ist. Im linken Schiff ist neben weiteren Freskenresten im ersten Joch der *Triumph des Todes* zu sehen, ein Werk aus dem ausgehenden 13. Jahrhundert. Geht man weiter bis an die Stelle, wo der Rio in den Lago Superiore mündet, genießt man einen schönen Blick auf diesen Teil der Stadt (beachtenswert am Kanal ein Jugendstilhaus, das Anfang des 20. Jahrhunderts von Aldo Andreani gebaut wurde).

Schöne Gesamtansicht der Kirche San Francesco.

PALAZZO CANOSSA

(Piazza Matilde di Canossa)

Der Palast wurde in der zweiten Hälfte des 17. Jahrhunderts auf den Resten eines Vorläuferbaus im Auftrag der Veroneser Adelsfamilie Canossa errichtet. Es handelt sich um eine Adelsresidenz, die abgesehen von der vornehmen Gestaltung der einzelnen Gebäudeteile, ein deutliches Beispiel für die von Romano mehr als ein Jahrhundert zuvor in Mantua eingeführte Formensprache darstellt, insofern als sie nach so langer Zeit auch Künstlern des späten 17.

Piazza Matilde di Canossa: links der Palazzo Canossa.

Palazzo Canossa: Ansicht der herrlichen, monumentalen Ehrentreppe aus dem 17. Jh.

Jahrhunderts noch Vorbild war. Die langgestreckte Front erinnert in der betont horizontalen Ausdehnung an die Fassaden des Palazzo Te. Eine Parallele, die noch unterstrichen wird durch das falsche Rustikawerk und die Dreieckgiebel über den Fenstern, die zur Aufnahme von Wappen unten gesprengt sind, ein von Romano häufig verwendetes Dekorationsmotiv. Dennoch handelt es sich nicht um eine Komposition, bei der die von Romano am Palazzo Te angewandten neuen Stilelemente wieder aufgegriffen werden, denn es fehlen zum Beispiel die Lisenen. In der Mitte der Fassade liegt das Portal, das durch die Marmorsäulen und den Balkon Bedeutung gewinnt; die beiden Hunde am Fuß der Säulen sind ein Emblem der Canossa. Wunderschön ist die *Ehrentreppe*, eine der monumentalsten Treppen der Stadt.

PALAZZO BARBETTA

(Via Cavour)

Das von Giovan Battista Marconi entworfene Gebäude entstand im Auftrag der Familie Canossa, eines Adelsgeschlechts veronesischer Herkunft. Kurz zuvor hatten sie sich einen Wohnpalast gebaut, bei dem das Prinzip des flachen Pseudo-Rustikawerks, wie Giulio Romano es am Palazzo Te zur Anwendung brachte, in modernisierter Form wieder aufgegriffen wurde. Eine formale Anknüpfung, auf die Marconi bei diesem Bau Wert legt, möglicherweise auch deshalb, um die nunmehr volle Zugehörigkeit der von auswärts kommenden Familie Canossa zu Mantua hervorzuheben; von daher die Fassadenlösung, bei der das mit Backstein verwirklichte Sichtmauerwerk (was

Die Fassade des Palazzo Barbetta.

später sicher verputzt werden sollte) einmal mehr an den Stil Romanos erinnert.

PALAZZO D'ARCO

(Via Fernelli - Piazza Carlo d'Arco)

Der große Palazzo d'Arco wurde im Jahr 1784 von dem Architekten Antonio Colonna (bekannt von 1782-1794) für den Grafen Gherardo d'Arco gebaut, der einem Zweig der Trientiner Familie angehörte, der sich wenige Jahrzehnte zuvor in Mantua niedergelassen hatte. Das Gebäude stellt ein hervorragendes Beispiel klassizistischer Architektur dar, bei dem jedoch Stilelemente verflochten sind, die Andrea Palladio im 16. Jahrhundert in seinen Privatbauten anwandte. Der Palast besteht aus drei Baukörpern, die um einen halbkreisförmigen Hof angelegt sind und mit einer Exedra abschließen, die einen schönen Privatgarten abschirmt. Die Fassade gliedert sich in einen Hauptteil, der wie eine klassische Tempelfront anmutet, mit zweigeschossigen, durchgehenden Wandsäulen (Kolossalordnung) und Dreieckgiebel, in dessen Tympanon ein großer Adler prangt. Rechts und links schließen sich, ebenfalls im Stil Palladios, zwei symmetrische Seitenflügel mit Pilastergliederung an (die Pfeilersockel dieser Kolossalordnung haben Formen, die ebenfalls auf Palladio zurückgehen). Durch ein mit Rustikawerk eingerahmtes Portal betritt man den herrlichen klassizistischen *Treppenaufgang*, der zum *Salone degli Antenati* hinaufführt, einen Saal, in dem sech-

Die schöne neoklassizistische Fassade des Palazzo d'Arco (18. Jh.).

Sala delle Figurazioni Sacre: Christus am Kreuz
(Werkstatt Van Dycks).

zig Porträts der Familie hängen und zwei Vitrinen mit Keramiken des 16. bis 18. Jahrhunderts und mit Hieb- und Stichwaffen aufgestellt sind. Von hier gelangt man in die *Säle der Pinakothek*, unter anderem die *Sala di Diana* (in der Gemälde des 17. Jahrhunderts zu sehen sind, wie *Juno*, *Ceres* und *Psyche* von Sante Peranda); die *Sala Rossa* mit Mobiliar aus der zweiten Hälfte des 19. Jahrhunderts; die *Sala di Pallade* mit einem Gewölbe, das im 18. Jahrhundert von Giovan Battista Marconi und Gaetano Crevola mit Fresken ausgemalt wurde (beachtenswert das Porträt des *Grafen Annibale Chieppo*, das einige Kunsthistoriker Rubens zuschreiben). Es folgt die *Sala della Giustizia* oder *Sala Verde*, die eine bemerkenswerte *Jungfrau mit dem Kind* und *Engeln* auf Goldgrund aus der zweiten Hälfte des 15. Jahrhunderts enthält, die Niccolò da Verona zugeschrieben wird. In der *Sala delle Figurazioni Sacre* befinden sich eine *Kreuzabnahme* aus der Werkstatt von Rubens, ein *Auferstandener Christus* von Lorenzo Lotto (1480-1555) und ein *Kreuztragender Christus*, möglicherweise von Sodoma (Giovan Antonio Bazzi, 1477-1549) oder von Giovanfrancesco de' Maineri. Die anschließende Sala di *Alessandro Magno* bewahrt außerdem sieben große Leinwandgemälde, auf denen der größte Mantuaner Maler des 18. Jahrhunderts, Giuseppe Bazzani (1690-1769), die Kriegszüge des Macedoniers darstellte.

Durch die klassizistische Exedra, die im 18. Jahrhundert im Hof des Palastes errichtet wurde, betritt man zwei Renaissancegebäude, die von der Familie d'Arco 1872 gekauft worden sind und von denen eines aus einer größeren Anlage des 15. Jahrhunderts stammt. Im Erdgeschoß liegt die *Cappella dei Conti d'Arco*, und im Obergeschoß die außerordentlich sehenswerte *Sala dello Zodiaco*, die 1520 von Giovan Maria Falconetto (1458-1534) mit einer Reihe von Tierkreiszeichen freskiert wurde; in die Gemälde ist eine Loggia einbebozgen, durch deren Arkaden der Betrachter einen Durchblick auf Landschaften und Figuren hat (wie bei den Fresken Mantegnas in der Camera degli Sposi). Von großem Interesse sind die *Konstellationen*, die auf zwölf Bildfeldern dargestellt sind und jeweils an den dazugehörigen Mythos anknüpfen; die Gemälde zeugen von der besonderen Vorliebe Falconettis für die Antike. Seine Studien gaben ihm auch die Möglichkeit, klassische Gebäude darzustellen, wie die *Arena* und die *Porta dei Leoni*

Die Sala dello Zodiaco, wunderschön mit Fresken ausgestattet
von Giovan Maria Falconetto.

in Verona, das *Mausoleum des Theoderich* und die Kirche *San Vitale* in Ravenna, den *Augustusbogen* in Fano und das *Kolosseum* und den *Janusbogen* in Rom. Der Wandkamin aus dem 17. Jahrhundert hat leider eines der Gemälde verdrängt.

PALAZZO CAVRIANI UND GARTEN

(Via Trento - Via Cavriani)

Der Palast der adligen Familie Cavriani wurde 1756 von dem Bologneser Alfonso Torregiani gebaut. Der Architekt wandte hier ein rigoroses formales Prinzip an, das auf einer klaren Geschoßgliederung beruhte, bei dem sich in der Mitte der Fassade ein nur wenig vorsprigendes Marmorportal öffnet. Ein Stil, der aus Bologna eingeführt wurde, wo in Häusern der Adligen und Senatoren jegliche Prunkentfaltung mit Ehrentreppen und prächtig eingerichteten Sälen nur dem Inneren vorbehalten war, wie es dem *bon ton* der Aristokratie des zweitgrößten Zentrums des Kirchenstaates

Die Büsten illustrer Mantuaner (Eingang zum Garten des Palazzo Cavriani).

geziemte. Das gleiche Prinzip herrscht beim Palazzo dei Cavriani in Mantua vor, wo der streng konzpierten Fassade eine Prunktreppe und eine Reihe freskierter und mit wertvollem Mobiliar und Gemälden ausgestatteter Säle entsprechen.

Dem Palast gegenüber liegt der Garten, den Giovan Battista Vergani, der größte Vertreter des Klassizismus zur Zeit der Restauration in Mantua, für die Familie Cavriani anlegte. Auch hier knüpft der Künstler an Vorbilder des Altertums an, die von den Architekten der Neuklassik in ihre Planung übernommen wurden. Ihre gründlichen Kenntnisse der Antike kommen vor allem in der monumentalen Einfassung zum Ausdruck; diese besteht aus aneinandergereihten Pfeilern mit aufgesetzten Büsten von illustren Mantuaner Persönlichkeiten, die wie antike Hermes-Köpfe wirken. In der Mitte des Gartens befindet sich eine Statue des *Vergil*, ein Werk des Bildhauers Stefano Girola, von dem auch die Büsten stammen.

KIRCHE SAN LEONARDO

(Piazza San Leonardo)

Aus dem Gassengewirr dieses Altstadtviertels taucht die Kirche San Leonardo auf, die wie die benachbarte Kirche Santi Gervasio e Protasio, im 13. Jahrhundert entstanden ist. 1793 wurde die Kirche vollkommen umgestaltet (an der rechten Seite sind noch der Kampanile und ein Stück der romanischen Mauer mit Zwerggalerie zu sehen); damals erhielt das Gebäude eine schlichte Fassade, an der antike Elemente schon nach klassizistischem Stilempfinden interpretiert wurden, das durch die Kreise der Akademie der Schönen Künste und durch die Nachbarstädte Mailand, Verona und Parma auch in Mantua bereits weit verbreitet war. Im Inneren öffnet sich etwa in der Mitte die *Cappella di San Gottardo* (15. Jh.), die über dem Altar ein Fresko von Lorenzo Costa il Vecchio mit dem *Erlöser und den Propheten* aus dem 16. Jahrhundert aufweist; vor dem Altarraum sind Freskenreste zu sehen, die ebenfalls dem 16. Jahrhundert angehören. Das Altarblatt aus dem 16. Jahrhundert mit der *Jungfrau Maria und Heiligen* von Francia (1460-1517) über dem Hochaltar zeugt davon, daß dieses Gebäude schon zur Zeit Mantegnas, Giulio Romanos und später Bertanis eine bedeutende Andachtsstätte gewesen ist.

MUSEUM FRANCESCO GONZAGA ODER DIÖZESAN-MUSEUM

Das ehemalige Kloster Sant'Agnese wurde 1795 von Paolo Pozzo wiederhergestellt, der auch die elegante Fassade entwarf. Nach den letzten Kriegsschäden hat man das Gebäude restauriert (vom mittelalterlichen Komplex sind nur wenige Reste erhalten) und dort das Diözesanmuseum für Sakrale Kunst eingerichtet. In der großen Eingangshalle sind ausgesprochen interessante Kunstgegenstände ausgestellt, insbesondere zwei kleine Elfenbeinschreine (Nr. 6-7), die ursprünglich ineinander verschachtelt waren und die Asche des hl. Cölestin enthielten (arabisch-sizilianische Kunst des 12.-13. Jahrhunderts); die *Madonna mit*

Diözesan-Museum: Blick in zwei Innenräume.

Kind (Nr. 9), ein teilweise bemaltes Relief aus vergoldetem Silber des ausgehenden 14. Jahrhunderts, stellt ein außerordentlich seltenes Beispiel gotischer Goldschiedekunst aus Frankreich dar. Aus der Kathedrale von Mantua stammt eine elegante spätgotische Marmorfigur, *Der hl. Georg tötet den Drachen* (Nr. 14), aus den ersten Jahren des 15. Jahrhunderts, die Pier Paolo Dalle Masegne zugeschrieben wird, der zusammen mit seinem Bruder Iacobello auch die gotische Domfassade geschaffen hatte. Zwei geschnitzte Holztafeln (Nr. 16-17), die zu einer Serie mit sechs Tafeln gehören, sind interessante Zeugnisse der Innenausstattung, die für die von Alberti geplante Kirche San Sebastiano vorgesehen waren: die zentralen Figuren (*Hl. Sebastian* und ein *Kirchenvater*) gehen auf das 15. Jahrhundert zurück, während die Nebenfiguren Anfang des 16. Jahrhunderts entstanden sind. Im großen Saal ist das wunderschöne, mit Buchmalerei verzierte *Meßbuch* (Nr. 18) ausgestellt, das der Markgräfin Barbara von Brandenburg gehörte und Ende des 15. Jahrhunderts geschaffen wurde (die Miniaturen werden Belbello di Pavia und Gerolamo da Cremona zugeschrieben), während der Pergamentkodex des *Graduale* (Nr. 19) aus dem Jahr 1460 stammt. Erwähnenswerte Gemälde sind die *Himmelfahrt Christi*, eine Sinopie etwa aus dem Jahr 1488, die zuweilen Andrea Mantegna (und nicht beispielsweise Longhi) zugeschrieben wird; und eine *Kreuzabnahme* aus dem frühen 16. Jahrhundert, die auf Verputz ausgeführt wurde und Correggio zugeschrieben wird. Ferner ein Temperagemälde auf Holz,

Diözesan-Museum: Meßbuch der Barbara von Brandenburg.

Madonna und Kind, ein Anfang des 16. Jahrhunderts vermutlich in der Schule des Lorenzo Costa il Vecchio entstandenes Werk, das (wegen der Frucht im Vordergrund) auch *Madonna della mela* genannt wird. Abschließend eine *Kreuzigung*, ein ebenfalls im 16. Jahrhundert entstandenes Ölgemälde, möglicherweise aus der französischen Schule. Zu den kostbarsten Devotionalien gehört weiter eine Urne (Nr. 40) aus Ebenholz, Quarz und vergoldetem Silber (Ende 16. Jahrhundert), die Herzog Vincenzo I. in Venedig anfertigen ließ; sie stammt aus der Basilika Santa Barbara und diente als Reliquienbehältnis für das (zum Teil in der Kirche Sant'Andrea aufbewahrte) Heiligste Blut Christi. Ein zweites sehr bedeutendes Werk ist die Staurothek, eine Urne für mehrere Reliquien, die Holzfragmente des Heiligen Kreuzes enthielt und um das 10. Jahrhundert in Byzanz angefertigt wurde; das Reliquiar gehörte zum Familienschatz der Paläologen und war Bestandteil der Mitgift, die Margherita, die Gemahlin des Herzogs Federico II. Gonzaga, mit nach Mantua brachte. Sehenswert ist auch eine bronzene *Kreuzigung* (Nr. 67), die 1621 von Pietro Tacca, dem Hofbildhauer der Medici, ausgeführt wurde; ferner eine Szene *Pax mit Pietà*, ein vergoldetes Silberrelief, das mit Emails, Korallen und Perlmutt besetzt und in einen architektonischen Rahmen einbezogen ist, der an die Fassade der Kirche Sant'Andrea erinnert. Nach einer kleinen Abteilung, die eine Sammlung mit sieben Gemälden von Giuseppe Bazzani enthält, kommt man in die *Galleria delle Armature* mit sehenswerten Rüstungen aus der Renaissancezeit, die von Mailänder und Brescianer Waffenschmieden hergestellt wurden.

Diözesan-Museum: die Kreuzabnahme von Allegri (Correggio).

Diözesan-Museum:
Madonna mit Kind (14. Jh.).

PAPIERMÜHLE BURGO

(Cittadella, an der Straße Mantua-Verona)

Die von 1960 bis 1963 von Pier Luigi Nervi und Gino Covre gebaute Papierfabrik stellt ein hervorragendes Beispiel für architektonische Qualität dar. Eine Lösung für dieses komplexe Problem war nicht einfach. Es sollte ein Bau geschaffen werden, der in einem einzigen Ambiente verschiedene Produktionsphasen aufnehmen sollte; der Raum sollte ferner ohne Stützpfeiler und Trennmauern, vor allem aber unter Verwendung ein und desselben Bausystems verwirklicht werden. Pier Luigi Nervi, der auf dem Gebiet großer Stahlbetonbauten über reiche Erfahrungen verfügte, brachte hier das statische Prinzip der großen Hängebrücken zur Anwendung (die Papiermühle gleicht in der Tat einer Hängebrücke) und schuf so eine Dachkonstruktion, die an seitlichen doppelten Stützen aufgehängt ist. So entstand aufgrund der Typologien der hier untergebrachten Produktion ein völlig neuartiges Gebäude, das nicht nur eine

Papiermühle Burgo
(P. L. Nervi und G. Covre, 1960-1963).

brillante Lösung für eine kühne Betriebsstättenplanung darstellte, sondern auch in der Lage war, einen landschaftlichen Bezugspunkt in der umliegenden Tiefebene zu schaffen, die mit dieser ungewöhnlichen Anlage ebenfalls qualitativ aufgewertet wurde. Das einzige Problem ergibt sich möglicherweise für Vorbeifahrende, die in dieser wie eine Hängebrücke anmutenden Konstruktion keine Fabrik vermuten.

WALLFAHRTSSTÄTTE SANTA MARIA DELLE GRAZIE

(Curtatone-Grazie, an der Straße Mantova-Cremona)

Der Komplex, der etwa sieben Kilometer von Mantua in Richtung Cremona entfernt ist, wurde zwischen 1399 und 1406 im Auftrag des Markgrafen Francesco I. Gonzaga möglicherweise durch den Architekten Bartolino da Novara als Dank für das Ende einer Pestilenz verwirklicht. Der Fassade der sehr schlichten Kirche ist eine Säulenhalle mit dreizehn Rundbögen und freskierten Lünetten des 16. Jahrhunderts vorgelagert. In der Mitte öffnet sich ein schönes Portal mit einem Lünettenbild, *Madonna mit Kind*, das Werk eines Malers aus dem Kreis Mantegnas. Sehr interessant sind die neun Kapellen im Inneren, von denen die erste der Familie Castiglione gehört; an der Rückwand befindet sich das von Giulio Romano entworfene *Mausoleum für Baldassarre Castiglione*, wogegen das Gewölbe Fresken von Romano trägt. In der zweiten Kapelle sind noch Reste von Malereien von Lorenzo Costa il Giovane zu erkennen, und in der dritten befindet sich ein Altarbild mit Tafelgemälden, die Antonio Maria und Giovan Battista Viani Anfang 18. Jahrhundert schufen.

Auf dem Kirchplatz findet alljährlich im August eine charakteristische Veranstaltung mit "Straßenmalerei" (die sogenannten "Madonnari") statt.

Die Fassade der Wallfahrtskirche Santa Maria delle Grazie mit ihrem Portikus.

SABBIONETA

Das Städtchen Sabbioneta ist ein sehr interessantes Beispiel für die Neugründung einer Renaissancestadt nach den Kriterien der Baukunst des 16. Jahrhunderts, die auf die Schaffung eines rational konzipierten Raumes hinzielte, bei dem Ordnung, Harmonie, Perfektion und Funktionalität zusammenwirkten. Da Sabbioneta aus diesen Überlegungen heraus entstanden ist, gilt das Städtchen gewöhnlich als eine der gelungensten Schöpfungen des Renaissancekonzeptes einer "Idealstadt".

Die Stadt zeichnet sich wegen der hervorragenden Qualität ihrer Gebäude aus, an denen - mit Ausnahme von Vincenzo Scamozzi - ab 1564 zahlreiche unbekannte "Maestri" arbeiteten. Diese waren sicher nicht an der Pla-

Sabbioneta: der Palazzo Ducale.

nung beteiligt, außer Vespasiano Gonzaga, der aufgrund seiner Kriegskenntnisse die Wehranlage des Zentrums schuf. Sehr wahrscheinlich haben verschiedene Architekten Pläne für die einzelnen Gebäude geliefert. Das wichtigste Bauwerk ist der *Palazzo Ducale* oder "Palazzo Grande", der von 1568 bis 1577 entstanden ist und die Residenz der Herzöge von Sabbioneta darstellte. Die Platzfront weist eine Erdgeschoßloggia mit fünf Arkaden auf, die sich in einem Rustikamauerwerk öffnen; das Innere ist mit Fresken ausgemalt und teilt sich in mehrere Säle, mit reichgeschnitzten Holzdecken, Büsten und Statuen der *Gonzaga von Sabbioneta.*

Dem Platz zugewandt ist auch die *Kirche Santa Maria Assunta* (1580-1592) mit einschiffigem Innenraum und Seitenkapellen. Interessant sind die Fresken von Giorgio Anselmi aus dem 18. Jahrhundert; die Kuppel über der fünften Kapelle rechts (*Herz-Jesu-Kapelle*) mit durchbrochenem azurblauem Hintergrund, der ungemein effektvoll wirkt, wurde 1768 von Antonio Galli Bibiena ausgeführt, der im gleichen dekorativen Stil auch den Pavillon des Kaffehauses im Palazzo Ducale in Mantua geschaffen hatte. In der Nähe befindet sich die *Chiesa dell'Incoronata*, eine achteckige Kirche, die Vespasiano von 1586 bis 1588 bauen ließ, um dort sein eigenes Mausoleum unterzubringen (das 1592 von Gian Battista della Porta verwirklicht wurde). Sehenswert in diesem Städtchen ist ferner das *Teatro Olimpico*, das 1588 von Vincenzo Scamozzi entworfen wurde. Scamozzi führte die Werke von Palladio (insbesondere das Teatro Olimpico in Vicenza) und von Sansovino fort. Das Innere dieses Komplexes ist rechteckig angelegt, mit Holztreppe und Säulenloggia, wie sie nach der Abhandlung des lateinischen Verfassers Vitruv im oberen Bereich des klassischen Theaters vorgesehen war. Die Wände sind mit Fresken der venezianischen Schule des 16. Jahrhunderts geschmückt.

An der Piazza Castello oder Piazza d'Armi, deren Mitte eine 1584 aufgestellte Ehrensäule ziert (auf der Spitze eine *Pallas-Statue*), steht der *Palazzo del Giardino*, der von 1577 bis 1588 als Privatresidenz für Vespasian (die Fassade war möglicherweise ursprünglich freskiert) gebaut wurde; eine Platzseite nimmt die einzigartige *Galleria degli Antenati* ein, die anfangs "Corridor Grande" hieß und zwischen 1583 bis 1584 gebaut wurde, um die Antikensammlungen des Herzogs aufzunehmen.

ABBAZIA DI POLIRONE

(San Benedetto Po)

Im Jahre 1007 gründeten die Benediktiner in der Nähe des Po die Abtei Polirone, die Mathilde von Canossa später erweitern ließ. Nachdem das Kloster an die Zisterzienser übergegangen war, entwickelte es sich zu einer von den Gonzaga bevorzugten Wallfahrtsstätte. Die Gonzaga ließen die Anlage 1420 wieder aufleben und schlossen sie dem Kapitel der Reformierten Kongregation der hl. Giustina in Padua an. Im 16. Jahrhundert stellten die Markgrafen von 1537 bis 1546 Giulio Romano ein, der eine Reihe wesentlicher Neuerungen vornahm. 1797 löste Napoleon die Kongregation auf, und die teils abgerissenen Klostergebäude verwilderten vollends, bis man in der Folgezeit den Komplex gründlichst restaurierte. Die Kirchenfassade besteht aus einer an Giulio Romano inspirierten Säulenhalle, die im 18. Jahrhundert aufgestockt wurde; auch das Innere hat man nach Angaben Romanos wiederaufgebaut und dekoriert, wie die Kassettendecke des Hauptschiffes und die Kuppel zeigen; der dreischiffige Innenraum wird durch klassizistische "Serliane" gegliedert. Der Schule Romanos ist ferner die Freskenreihe in den zehn Kapellen zu verdanken, die sich an den Seitenschiffen öffnen. In der *Sakristei* befindet sich das *Grab der Markgräfin Mathilde von Canossa*, deren sterbliche Hülle 1633 nach Rom überführt wurde. Zu dem Komplex gehört auch die romanische *Kirche Santa Maria* mit schönem Fußbodenmosaik aus dem Jahr 1151; das Refektorium enthält ein Fresko, das Correggio 1513-14 malte.

Die Fassade der Abbazia di Polirone.

NÜTZLICHE HINWEISE

IM AUTO:
Die Stadt Mantua ist gut mit dem Autobahnnetz im Nordosten Italiens verbunden und somit mühelos mit dem eigenen Wagen zu erreichen.
Von **Osten** über die Autobahn **A 22** (Brenner - Modena), Ausfahrten **Mantova Nord**, **Mantova Sud, Pegognaga.**
Von **Norden** über die Autobahn **A4** (Mailand - Venedig), Ausfahrten **Desenzano**, **Sirmione**, **Peschiera**, **Sommacampagna**, **Verona Sud**.
Von **Süden** über die Autobahn **A1** ("Autostrada del Sole" Mailand - Neapel), Ausfahrten **Parma** und **Reggio Emilia**.

IM FLUGZEUG:
Die Stadt liegt 20 km vom Flughäfen "Valerio Catullo" bei **Villafranca** (**VR**) entfernt. Es gibt einen Pendelservice von und nach Mantua mit direktem *check-in*. Weitere Flughäfen befinden sich in **Parma** (60 km), **Orio al Serio** (**BG**) (100 km) und **Bologna** (100 km). Damit sind auch nationale und internationale Flugverbindungen gesichert.

IM ZUG:
Die Provinzhauptstadt Mantua ist auch ein wichtiger Knotenpunkt für den Bahnverkehr. Sie liegt an den Verbindungen Mailand - Mantua - Suzzara - Ferrara; Pavia - Mantua - Monselice; Verona - Mantua - Modena.
Damit hat die Stadt direkte Verbindung zum nationalen und europäischen Schienennetz.

IM BUS:
Es existiert ein dichtes Netz von Verbindungen innerhalb der eigenen und im Anschluß an die umliegenden Provinzen.

INFORMATIONEN:
☎ 0376; Postleitzahl: 46100

INFORMATIONSBÜRO:
Tourismusbetrieb Mantua und Umgebung
Piazza Mantegna, 6
☎ 0376/328253 - **Fax** 0376/363292

INFORMATIONSBÜRO FÜR DEN BUSVERKEHR:
Azienda Pubblica Autotrasporti (APAM)
(Öffentliche Verkehrsbetriebe) ☎ 0376/327237

FÜR DEN ZUGVERKEHR:
Ferrovie dello Stato (Staatsbahn)
Piazza Don Leoni ☎ 0376/321467

FÜR DEN FLUGVERKEHR:
Flughafen "Valerio Catullo"
in Verona - Villafranca,
Caselle di Sommacampagna
☎ 045/8095611 - **Fax** 0376/8600030

FÜR DIE SCHIFFAHRT:
- Motorschiffe "Andes" Piazza Sordello, 8
☎ 0376/322875 - **Fax** 0376/322869
☎ Handy Schiff 0337/432551
- Motorschiff "Sebastiano N." -
Katamaran "Virgilio"
Via S. Giorgio, 10
☎ 0376/360870-360869
Fax 0376/360869
- Motorschiff "Amigos 2" - F.F. Schiffahrt
Via della Chiesa, 26 Melara (RO)
☎ 0425/89361-89653
Handy 0336/421221 - **Fax** 0425/89361

TAXI:
- Piazza Cavallotti ☎ 0376/324407
- Piazza Don Leoni
- (Bahnhof) ☎ 0376/325351
- Viale Albertoni (Krankenhaus) ☎ 0376/362491

Funktaxi ☎ 0376/368844

FAHRRADVERLEIH:
Herr Mantovani - Lungolago Gonzaga
☎ 0376/366677

AUTOVERMIETUNG:
- Avis - Via Acerbi, 28 ☎ 0376/222111
- Hertz - Piazzale Porta Cerese, 1 ☎ 0376/224607
- Autovermietung Polato

Piazza S. Giovanni, 4 ☎ 0376/3238

GARAGEN:

Parken Mazzini
Via Mazzini, 7 ☎ 0376/369571

PARKPLÄTZE:

Lungolago Gonzaga - Piazza D'Arco
Piazzale Mondadori - Piazzale Pesenti

WICHTIGE TELEFONNUMMERN:

Polizei / Rettungsdienst:
Notruf ☎ 113
Polizei (Präsidium):
Piazza Sordello 46 ☎ 0376/2051
Strassenpolizei:
Piazza Virgiliana 27 ☎ 0376/321707
Carabinieri:
Notruf ☎ 112
Carabinieri:
Via Chiassi 29 ☎ 0376/328888
Erste Hilfe:
Krankenwagen
☎ 0376/201201-201220
Sanitätswache (Hausbesuche)
☎ 0376/201365
Krankenhaus "C. Poma"
Via Albertoni 1 ☎ 0376/201434
Pannenhilfe: ☎ 116
Flughafen: ☎ 045/8095611
Feuerwehr: Notruf ☎ 115
Feuerwehr: Viale Risorgimento 16
☎ 0376/221222
Stadtpolizei:
Viale Fiume 21 ☎ 0376/320255
Bahnpolizei:
Piazza Don Leoni ☎ 0376/369006
Staatsbahn:
Informationen ☎ 0376/321467
Rathaus:
Via Roma 39 ☎ 0376/3381
Touristeninformation:
☎ 0376/328253

BANKEN UND KREDITINSTITUTE

Banca Agricola Mantovana (Sitz)
Corso Vittorio Emanuele, 30
Banca Agricola Mantovana (Zweigstelle)
Via Goito, 6
Cariplo
Corso Libertà, 10
Cariverona
Corso Vittorio Emanuele, 26
Banca Commerciale Italiana
Via Roma, 8
Banca Nazionale dell'Agricoltura
Piazza Martiri Belfiore, 10
Banca Nazionale del Lavoro
Piazza Cavallotti, 3

AGRITOURISMUSBETRIEBE
(Ferien auf dem Bauernhof)

Colombare - Filippo Ghio
Via Casalmoro, 20 Loc. Villa-Castel Goffredo
☎ 0376/779638
Gaia Maria Nodari
Via Medole, 45 - Castiglione delle Stiviere
☎ 0376/632541
Sereno - Gianfranco Camurri
Loc. Torre - Goito
☎ 0376/604436
Corte Fornace - Fabio Rima
Loc. Fornace, Cerlongo - Goito
☎ 0376/604890
Corte Bersaglio - Milena Bonazzi
Via L. Guerra, 13 Loc. Migliaretto - Mantua
☎ 0376/320345
Corte Prada Alta Giuseppe Timolina
Strada San Girolamo, 9 - Mantoue
☎ 0376/391144
Corte Rizzarda - Rossella Marani
Strada Sabbioneta, 9 Loc. Eremo - Mantua
☎ 0376/49121
Corte Spolverina - Giorgio Prandi
Via Circonvallazione Sud, 57 - Mantua
☎ 0376/262009
Corte S. Girolamo - G. Bernardelli
Strada S. Girolamo, 1 Loc. Gambara - Mantua
☎ 0376/391018
Vallazza - Gloria Luisa Sagoni
Via Vallazza, 6 Loc. Vallazza - Magnacavallo
☎ 0386/55430
La Motta - Giorgio Pastorini Varini
Via Argine Oglio, 23
Loc. Torre d'Oglio - Marcaria
☎ 0376/9691197
Senga - Luigi Beduschi

Via Senga, 41 Loc. Campitello - Marcaria
☎ 0376/969085
Corte Nuova - Cesare Nardi
Via Larga, 37 Loc. Cesole - Marcaria
☎ 0376/969091
Bellaria - Mirco Castellani Marmirolo
Via Falconiera, 3 Loc. Falconiera - Pegognaga
☎ 0376/467012
Loghino Giacinto - Manuela Marossi
Via Coazze, 31 Loc. Bondanello - Moglia
☎ 0376/56133
Belvedere - Manuela Vedovelli
Via Volta, 175/a Loc. Mattarelle - Monzambano
☎ 0376/800151
Licensì - Giuseppe Ferrini
Via Moscatello, 6 Loc. Colombare - Monzambano
☎ 0376/800423
Fattoria Pepe - Bruno Peverada
Via San Pietro, 2 - Monzambano
☎ 0376/800851
Nuvolino - Giacomo Bertaiola
Via Nuvolino, 61 Loc. Barziza - Monzambano
☎ 0376/800222
Il Filos - Girolamo Zenegaglia
Strada Nuvolino, Loc. Perini - Monzambano
☎ 0376/800197
Arginino Piccolo - Ferruccio Bellini
Via Arginino, 5 - Ostiglia
☎ 0386/31475
Il Glicine - Claudio Traversi
Via S. Romano, 40 Loc. S. Romano - Ostiglia
☎ 0386/80080
Pisterle - Lina Buzzacco
Strada Bassa, 32 - Pegognaga
☎ 0376/559884
San Lorenzo - Cesira Agosta Tota
Via Falconiera, 3 Loc. Falconiera - Pegognaga
☎ 0376/558062
Corte Speziaria Nuova - Giuseppe Bernardelli
Strada Falconiera, 4 Loc. Falconiera - Pegognaga
☎ 0376/676648
La Montina - Augusto Mariotto
Via Monzambano, 51
Loc. Montina - Ponti sul Mincio
☎ 0376/88202
Corte Chiara - Dino Nasi
Via Strada Tezze, 1 - Porto Mantovano
☎ 0376/390804
Corte Schiarino Lena - Eliseo Lena
Via S. Maddalena, 9 Loc. Sant'Antonio
☎ 0376/398238
Piuda - Laura Fossati
Via Soana, Loc. Soave - Porto Mantovano
☎ 0376/300518
Zibramonda - Carlo Breviglieri
Via Argine Secchia, 16 - Quistello ☎ 0376/615031
Corte Feniletto - Antonietta Paoli
Via Francesca Est, 54 - Rodigo
☎ 0376/650262
Pradellino - Carlo Battesini
Via Str. Romana Nord, 23
Loc. Gorgo - San Benedetto Po ☎ 0376/615773
Fondo Vecchio - Claudio Sartori
Via Romana Sud, 48 - San Benedetto Po
☎ 0376/622987

HOTELS

****

Rechigi - Via Calvi, 30
☎ 0376/320781 - **Fax** 0376/220291
San Lorenzo - Piazza Concordia, 14
☎ 0376/220500 - **Fax** 0376/327194

***

Apollo - Piazza Don Leoni, 17
☎ 0376/328114 - **Fax** 0376/221120
Bianchi Stazione - Piazza Don Leoni, 24
☎ 0376/326465 - **Fax** 0376/321504
Broletto - Via Accademia, 1
☎ 0376/223678 - **Fax** 0376/221297
Dante - Via Corrado, 54
☎ 0376/326425 - **Fax** 0376/221141
Due Guerrieri - Piazza Sordello, 52
☎ 0376/321533 - **Fax** 0376/329645
Italia - Piazza Cavallotti, 8
☎ 0376/322609 - **Fax** 0376/328336
Mantegna - Via Filzi, 10
☎ 0376/328019 - **Fax** 0376/368564

**

ABC - Piazza Don Leoni, 25
☎ 0376/323347 -**Fax** 0376/322329
Peter Pan - Cittadella P.za Giulia 3
☎ 0376/391698 - **Fax** 0376/391882

*

Maragò - Loc. Virgiliana
☎ 0376/370313

FERIENHÄUSER UND WOHNUNGEN

"Residence" im Zentrum:
Via A.M. Viani 26 ☎ 0376/220477

RESTAURANTS - TRATTORIEN PIZZERIEN

Abbadia - Via Conciliazione, 33
(montags geschlossen) ☎ 0376/325307
ABC - Piazza Don Leoni, 25
(mittwochs geschlossen) ☎ 0376/325002
Ai Garibaldini - Via S. Longino, 7
(mittwochs geschlossen) ☎ 0376/328263
Al Lago - Piazza Arche, 5
(mittwochs geschlossen) ☎ 0376/323300
Al Solito Posto - Via Corridoni, 46 ☎ 0376/224499
Al Portichetto - Via Portichetto, 14
(montags geschlossen) ☎ 0376/360747
Al Quadrato - Piazza Virgiliana, 49
(montags geschlossen) ☎ 0376/368896
Annette - Piazza dei Mille, 17/18
☎ 0376/362804
Antica Osteria ai Ranari
Via Trieste, 11
(montags geschlossen)
☎ 0376/328431
Aquila Nigra - Vicolo Bonacolsi, 4
(montags geschlossen) ☎ 0376/327180
Bella Napoli - Piazza Cavallotti, 14
(dienstags geschlossen) ☎ 0376/365209
Bruschetta - Via Cremona, 3
(mittwochs geschlossen) ☎ 0376/381596
Capri - Via Bettinelli, 8
(donnerstags geschlossen)
☎ 0376/363228
Ca' Ramponi - Piazza Broletto, 7
(donnerstags geschlossen) ☎ 0376/365303
Cento Rampini - Piazza Erbe, 11
(montags geschlossen) ☎ 0376/366349
Chalet Te - Piazzale Vittorio Veneto, 6
(montags geschlossen) ☎ 0376/320268
Croce Bianca - Via Franchetti, 9
(dienstags geschlossen) ☎ 0376/323414
Da Gigi - Via Oberdan, 4
(mittwochs geschlossen) ☎ 0376/350626
Da Ninfo Strada - Circonvallazione Sud, 23
(montags geschlossen) ☎ 0376/380244
Da Vania - Via A. Sacchi, 23
(montags geschlossen) ☎ 0376/329319
Del Rio - Via Pescheria, 28
(dienstags geschlossen) ☎ 0376/362784
Ducale - Piazza Sordello, 13
(mittwochs geschlossen) ☎ 0376/320213
Due Cavallini - Vicolo Salnitro, 5
(dienstags geschlossen) ☎ 0376/322084
Due Guerrieri - Piazza Sordello, 52
☎ 0376/329645
Gatto Bianco - Strada Chiesanuova
(dienstags geschlossen) ☎ 0376/381320
Golfo di Napoli - Strada Mantovanella, 2
(dienstags geschlossen) ☎ 0376/391435
Hong Kong - Via Trieste, 37 ☎ 0376/363543
Hosteria dei Canossa - Vicolo Albergo, 3
(mittwochs u. donnerstags geschlossen)
☎ 0376/221750
Il Ciclone - Strada Ghisiolo, 5
(montags geschlossen) ☎ 0376/340425
Il Cigno - Trattoria dei Martini Piazza d'Arco, 1
(montags u. dienstags geschlossen) ☎ 0376/327101
Il Grifone Bianco - Piazza Erbe, 6
(dienstags geschlossen) ☎ 0376/356423
La Botte - Via Conciliazione, 96/b
(montags geschlossen) ☎ 0376/327297
La Brenta - Viale Gorizia, 13
(samstags geschlossen) ☎ 0376/320625
La Favorita - Viale Favorita, 37
(montags geschlossen) ☎ 0376/399198
La Grotta - Strada Cisa, 80
(dienstags geschlossen) ☎ 0376/398102
La Mamma - Via L.C. Volta, 2
(dienstags geschlossen) ☎ 0376/324500
La Valle da Benito - Strada Spolverina, 78/A
(montags geschlossen) ☎ 0376/262030
La Villa di Pasini - Strada Ghisiolo, 6
(montags geschlossen) ☎ 0376/245087
Leoncino Rosso - Via Giustiziati, 33
(sonntags geschlossen) ☎ 0376/323277
L'Ochina Bianca - Via Finzi, 2
(montags geschlossen) ☎ 0376/323700
Lucania - Viale Gorizia, 12
(mittwochs geschlossen) ☎ 0376/326264
Marechiaro - Largo XXIV Maggio, 7
(mittwochs geschlossen) ☎ 0376/363526
Nuova Cina - Via Montegrappa, 10 ☎ 0376/327439
Nuova Pechino - Via Gandolfo, 26
☎ 0376/322091

Nuovo Ranch - Strada Ghisiolo, 10/A
(mittwochs geschlossen) ☎ 0376/340293
Osteria Vecchia Mantova
Piazza Sordello, 26
(mittwochs geschlossen) ☎ 0376/329720
Osteria Spirito Divino - Via Marangoni, 34
(montags geschlossen) ☎ 0376/366772
Pavesi - Piazza Erbe, 13
(donnerstags geschlossen) ☎ 0376/323627
Pavone Blu - Via Carbonati, 6
(dienstags geschlossen) ☎ 0376/368485
Piedigrotta - Corso Libertà, 15
(mittwochs geschlossen) ☎ 0376/327014
Quattro Stagioni - Via Verdi, 5
(montags geschlossen) ☎ 0376/322153
Quattrotette - Vicolo Nazione, 4
(sonntags geschlossen) ☎ 0376/329478
Rigoletto - Strada Cipata, 10
(montags geschlossen) ☎ 0376/371167
Ritz - Viale Piave, 2
(montags geschlossen) ☎ 0376/326474
Ritzino - Viale Piave, 2
(montags geschlossen) ☎ 0376/326474
San Gervasio - Vicolo San Gervasio, 15
(mittwochs geschlossen) ☎ 0376/323873
Sant'Andrea - Piazza L.B. Alberti, 30
(sonntags geschlossen) ☎ 0376/224457
Serenella - Corso Garibaldi, 16
(mittwochs geschlossen) ☎ 0376/325760
Taverna Santa Barbara - Piazza Santa Barbara, 19 (montags geschlossen)
☎ 0376/329496

SELBSTBEDIENUNGSRESTAURANTS UND FAST FOOD

Break Burger - Via Broletto, 15
(montags geschlossen) ☎ 0376/328777
Self Service Il Punto - Via Solferino, 36
(sonntags geschlossen) ☎ 0376/327552
Self Service Nuvolari - Piazza Viterbi, 11
(samstags u. sonntags geschlossen) ☎ 0376/328585
Self Service Virgiliano Piazza Virgiliana, 57
(samstags u. sonntags geschlossen) ☎ 0376/322601

CAFES UND KONDITOREIEN

Bar Pasticceria La Ducale
Via Calvi, 4 ☎ 0376/321305
Bar Canossa
Piazza Canossa, 2 ☎ 0376/360794
Bar Pasticceria Caravatti
Portici Broletto, 8 ☎ 0376/321653
Caffè Teatro Sociale
Piazza Cavallotti, 16 ☎ 0376/322122

PUBS UND PIANOBARS

Pub Birreria Oblò
Via Arrivabene, 50 ☎ 0376/360676
Caffetteria Old Jazz
Corso Vittorio Emanuele, 50
☎ 0376/325669
Caffè La Habana
Corso Vittorio Emanuele, 50
☎ 0376/325610
Piano Bar 59
Via Corrado, 59
☎ 0376/366335
Piano Bar Velleda Club
Viale Mons. Martini, 1
☎ 0376/365265
Bel Sit
Via della Favorita
☎ 0376/340425
Birreria Pub Maratoneta
Viale Risorgimento, 95
☎ 0376/321656

THEATER UND KINOS

Teatro Sociale - Piazza Cavallotti, 1
☎ 0376/323860
Teatro Ariston - Via P. Amedeo, 20
☎ 0376/328139
Teatreno - Piazza Don Leoni, 18
☎ 0376/221705
Teatrino - Palazzo D'Arco
Piazza D'Arco ☎ 0376/325363
Andreani
Corso Vittorio Emanuele, 73
☎ 0376/326766
Ariston - Via P. Amedeo, 20
☎ 0376/328139
Biois - Via Calvi
☎ 0376/323417
Corso - Corso Umberto I°, 44
☎ 0376/320657

Oberdan - Via Oberdan, 5
☎ 0376/220822
Sociale - Piazza Cavallotti, 1
☎ 0376/323860

DISKOTHEKEN

Mascara
Viale della Favorita
☎ 0376/391467
Jackie O'Palace
Via Tagliamento, 21
Marmirolo ☎ 0376/467600
Blue Max
Via Virgilio, 70a
Suzzara
☎ 0376/531015
Allimite
Via Castiglione, 5
Castel Goffredo
☎ 0376/770417
Jolly
Via Costa, 1
Roncoferraro
☎ 0376/663363
Taverna Top Sound
Via Matteotti, 37
Poggio Rusco
☎ 0386/51064
Disco Night
Via Ossario, 41
Solferino
☎ 0376/855054

MUSEEN

Palazzo Ducale - Piazza Sordello
☎ 0376/352100
dienstags - sonntags:
8.45-19.15
montags geschlossen
Palazzo Te - Viale Te, 13
☎ 0376/323266 - **Fax** 0376/363883
dienstags - sonntags: 9-18
montags: 13-18
Palazzo d'Arco - Piazza D'Arco, 4
☎ 0376/322242 - **Fax** 0376/369544
Vom 1 März bis 31 Oktober
dienstags - sonntags und feiertags:
10-12.30 / 14.30-18
Vom 1 November bis 28 Februar
samstags, sonntags und feiertags:
10-12.30 / 14-17
Museo Diocesano di Arte Sacra "Francesco Gonzaga"
Piazza Virgiliana, 55
☎ 0376/320602
Vom 18 März bis 31 Juni
und vom 1 September bis 31 Oktober:
jeden Tag (außer montags)
Vom 1 Juli bis 31 August:
donnerstags, samstags, sonntags
Vom 1 November bis 17 März: sonntags
9.30-12 / 14.30-17
Palazzo di San Sebastiano
Museo della città
Largo XXIV Maggio, 12
☎ 0376/367087 - **Fax** 0376/223618
montags: 13-18
dienstags - sonntags: 9-18
Teatro Accademia Bibiena
Via Accademia, 47
☎ 0376/327653 - **Fax** 0376/310857
dienstags - sonntags:
9.30-12.30 / 15-18
montags geschlossen
Museo Tazio Nuvolari e Learco Guerra
Piazza Broletto, 9 - ☎ 0376/327929
März: samstags und sonntags
Vom April bis Oktober:
jeden Tag (außer montags und donnerstags)
November und Dezember:
samstags und sonntags
10-13 / 15.30-18.30
Februar und Januar geschlossen
Casa del Mantegna - Via G. Acerbi, 47
☎ 0376/360506 - **Fax** 0376/326685
dienstags - sonntags: 10-12.30 / 15-18
montags geschlossen
Feuerwehrmuseum
Largo Vigili del Fuoco, 1
☎ 0376/22771 - **Fax** 0376/322222
samstags: 14.30-18
sonntags und feiertags: 10-12 / 14.30-18
Vom 6 Januar bis 15 Februar
und August geschlossen

NÜTZLICHE HINWEISE FÜR DIE UMGEBUNG VON MANTUA

BOSCO FONTANA
(Comune Marmirolo)

NATURPARK BOSCO FONTANA

Informationen:
☎ 0376/467046
(Bosco Fontana)
☎ 0376/045/8345445
(Försterei)
Vom 1.10. bis 31.3.:
jeden Tag (außer dienstags und freitags):
9.30-17.30
Vom 1.4. bis 30.9. :
jeden Tag (außer dienstags und freitags):
8.30-19.30

HOTELS
*
La Lanterna - Via Tasselli, 54
Marmirolo
☎ 0376/466213
Renza - Via Trieste, 2
Marmirolo
☎ 0376/466242

SABBIONETA

INFORMATIONSBÜRO
Touristeninformation
Palazzo Giardino - Piazza d'Armi, 1
☎ 0375/52039
Fax. 0375/220295

HOTELS
**
Al Duca
Via Stamperia, 18
☎ 0376/52474
Ca' Amici
Via D'Aragona, 2
☎ 0376/220240
*
Giulia Gonzaga
Via Vespasiano Gonzaga
☎ 0376/528169

SAN BENEDETTO PO INFORMATIONEN

Stadtmuseen von Polirone
Kreuzgang der Mönche - San Benedetto Po
☎ 0376/623036

MUSEUM FÜR DAS VOLKSTUM DER POEBENE

- Vom 1.3 bis 31.3.:
montags - freitags: 9-12.20; 14-17.20
samstags und sonntags: 9-12.20; 14.30-17.50
- Vom 1.4. bis 31.5.:
montags - freitags: 9-17.20
samstags und sonntags: 9-12.20; 14.30-17.50
- Vom 1.6. bis zum Ende der Sommerzeit:
dienstags bis freitags: 9-12.20; 14.30-17.50
samstags und sonntags: 9-12.20; 15.30-18.50
- Ab dem Ende der Sommerzeit bis zum 14.11:
dienstags - freitags: 9-12.20; 14-17.20
samstags und sonntags: 9-12.20; 14.30-17.50

MUSEUM DER ABTEI UND FRESKO VON CORREGGIO

- Vom 1.3 bis 31.3.:
samstags: 14.30-18; sonntags: 10.30-12.30; 14.30-18
- Vom 1.4. bis 31.5.:
montags - freitags: 9-12.30; 14.30-17.30
samstags und sonntags: 9-12.30; 14.30-18
- Vom 1.6. bis zum Ende der Sommerzeit:
samstags: 14.30-18; sonntags 10.30-12.30; 15.30-19
- Ab dem Ende der Sommerzeit bis zum 14.11.:
samstags: 14.30-18; sonntags: 10-12.30; 14.30-18

ABTEI VON GIULIO ROMANO
Jeden Tag: 8-12; 14.30-19 (im Sommer 15.30-19)

HOTELS
*
Aquila Nera - Via Ferri, 83
☎ 0376/615221
La Buca - Via Ferri, 9
☎ 0376/615131

MANTUA, ÜBERSICHT ÜBER DIE VERSCHIEDENEN WEGSTRECKEN

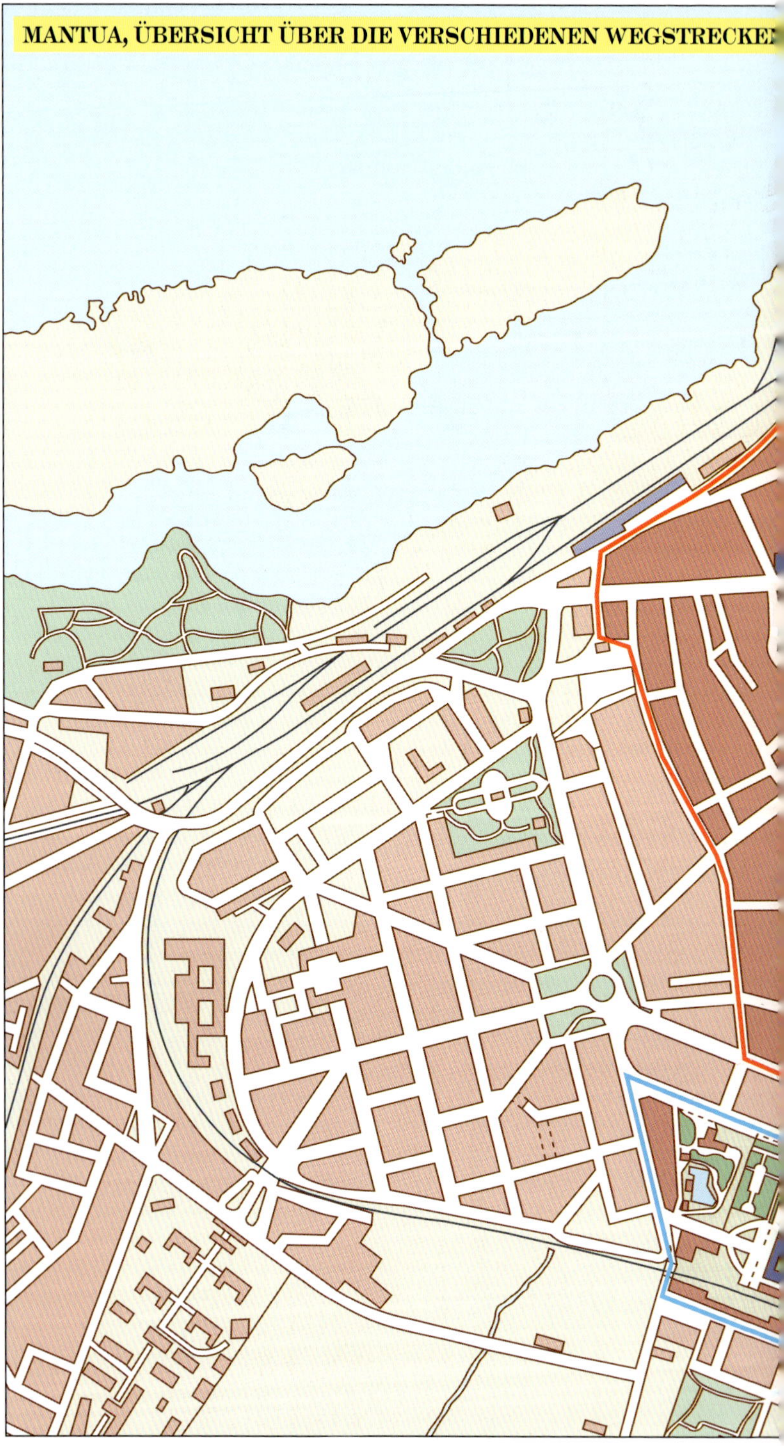

Rundgang 1
ndgang 5
Rundgang 2
Rundgang 3
ndgang 4

INHALT